チェレンコフ光＝スサノオ・ブルー

出典：ウィキメディア・コモンズ（Wikimedia Commons）
作者：Argonne National Laboratory - originally posted to Flickr as Advanced Test Reactor core, Idaho National Laboratory Uploaded using F2ComButton

人間が死ぬ際に、肉体から霊体・魂が抜ける時に出る光が、「チェレンコフ光」「青色発光ダイオード」にそっくりな青い光です。

インドのシバ神は「死と再生」を司る神様とされており、その御神像は古来、青い色に塗られています。この青い色こそは「青色発光ダイオード」「チェレンコフ光」を思わせます。死を司る存在が、青い色をしていると昔の人は感知したと想定します。私はこの色を、スサノオ・ブルーと呼んでいます。

人の死の瞬間は、ある意味で核反応である。これを未来に提示しておきます（「青い色の不思議について」本文 38 ～ 40 ページを参照）。

「生と死後」
Life
&
Death

死後にわかります。この本が真実を伝えていたことを。

の真実

伊勢白山道

観世音

まえがき

誰もが必ず体験することが「死」です。

死んだらどうなる？

死後の世界はどんな所？

自分の死後の行き先は、天国か地獄か？

不安になったことは、ありませんか？


でも、普段は考えない、考えたくもないのが死についてだと思います。

死とは、ただただ怖いもの、忌むべきもの、穢《けが》れだと感じている方もおられるでしょう。

死に関しては、「考えても仕方がない」「生きている間には答えが出ないこと」というのはわかります。

しかし、自分がいずれ必ず体験する死とは、それほど考えることも、知ることも、避けるべきことなのでしょうか？

本当に、考えてもムダなことなのでしょうか？


私はそうは思いません。

なぜなら、誰もが必ず体験することが決まっていることだからです。そして、死を忘れた生き方こそは、無茶をしやすいことになると思いませんか？

そこで、世界中で語られてきた死に関するエピソードも交えながら、死ぬまでに知っておいたほうが良いと思われる、死に関して私が感じてきたことを書いておきたいと思います。


人は死んだら終わりではありません。

死後に大切になるポイントを事前に知っておくことで、今をより良く生きることができて、より良い死後を迎えることになります。

この本を読んで死後の世界の片鱗《へんりん》に触れることで、

「今を、より良く生きる方法」

「死後に、自分が後悔しないための今の生き方」

これを感じ取っていただければ幸いです。


それでは、『「生と死後」の真実』の旅をお楽しみください。

伊勢白山道

「生と死後」の真実

Life & Death

目次

第三章

死後の後悔、死後の気づき

第四章

残された人たちへ——故人からの想い

133

第五章　死を意識して生きる

造本・装幀　岡　孝治

第一章

死後の四十九日間（バルドオ）

1　バルドォとは人生の総決算

人間の死後、魂が自分自身で行き先を決める期間は、だいたい四十九日間あります。これは世界共通だと感じます。この世から次の世へ移動する中間の四十九日間を「バルドォ」と私は呼んでいます。

死後の四十九日間については、チベット密教の有名な「死者の書」(死者のための経典)に詳しく説明されています。しかし私の死後の記憶では、この内容はすでに少し古くなっており、現代ではあの世の実相が変化しています。私のあの世での記憶と現代での霊視を併《あわ》せて、簡単に説明してみたいと思います。

人間は必ず死にます。これは誰しも必ず経験することです。

今の借りている肉体を脱いで、「肉体と同じ形の霊体」と「死後の意識のままの状態」で、四十九日間だけ、現実界に近い中間層に留《とど》まることが可能です。一つの人生に付き一回限りの、貴重な聖なる四十九日間です。

このバルドォ期間に、肉体の残存感覚を消し去り、霊体による移動を習得します。死後の日数が経つにつれて肉体の感覚が消えていきますと、増してくるのが意識の感覚です。次第に意識が明瞭になり、今生でのすべての出来事を細部まで思い出します。人生で感じた喜びや悲しみも、日々だんだんと増幅《ぞうふく》されて繰り返し思い出します。最終的には、今の私たちの十倍ぐらいの強さに「思い」が拡大すると考えてください。

この時に、生きている時には自分を誤魔化《ごまか》して忘れていた自分の良心に反する行動や、他人に与えた苦しみを感じ始めるのです。

自分自身の良心=内在神が、今生のすべてを見て知っています。自分が知らずに与えた他人への苦痛も、この時に視覚も伴《ともな》って自分で見て体感することになります。

ただ、自分が生きている時に認識していたのか、まったく知らなかったのかでは、罪の意識は異なります。自分がわかってやっていたことや、気づかないふりをしてやったことは、より大きく拡大されて感じることになります。

すべては、自分自身の良心が裁きます。他人が裁き、決めるのではないのです。


「あなたは、この時に体験する心の痛みに耐えられるのか？」

「耐えられる生き方を今にしているのか？」

ということが問題なのです。

この時に、他人に与えた喜びや、感謝された気持ちも、同じく拡大されて死後の自分の意識に干渉してきます。

そして、「苦しみの思い」と「喜びの思い」が相殺《そうさい》（プラスとマイナスで打ち消し合うこと）されて自分自身に残った思いが、四十九日後の行き先を自《みずか》らに選択させます。

2 先祖霊のお出迎え

人間が死ぬ時の状況は、人それぞれ違います。最後の息を引き取る〇・一秒の間に、壮大なドラマが展開しています。

私たちは現実界に生まれる時、母親という自分にもっとも近い先祖から生まれました。死ぬ時も、やはり今生につながりのある先祖が関与してきます。

現実界と異世界を結ぶ架け橋には、先祖が関与するのです。これは、「遺伝子の流れ」という肉体を持つためには、嫌でもつながりを持たなければならない宿命で、結ばれているからです。

死ぬ瞬間には、先祖霊が発光する球体となり意識の中でリアルに現れます。発光体がかすかに記憶する先祖の一人に変化して見える人、会ったことはないのに明らかに先祖だとわかる人、発光体のままで人の形には見えない人……、様々なパターンがあります。

生前にたくさんの先祖霊を供養で癒《い》やした人が死ぬ時は、先祖霊が集団で迎えに来ます。伊勢白山道式の先祖供養（巻末二二六ページ参照）では、線香三本を先祖全体に対して捧げますが、その供養の行き先を采配《さいはい》しているのは、供養者に縁の深い先祖霊の中で、もっとも安心している先祖霊です。その先祖霊を中心として、供養で助けられた先祖霊たちや縁ある霊が、供養者が死ぬ瞬間に迎えに来ます。

浄土教の阿弥陀如来《あみだにょらい》のお迎えの図も、決して嘘ではありません。ただ、あのような仏像の姿はしていません。光のカタマリか、形を持ったとしても知っている先祖の御姿です。これは人類共通のことです。

先祖霊のお迎えを受けた人の死に顔は、とても安らかです。たとえ事故などで惨死したとしても、〇・一秒の間に救われて安心した死に顔になります。

そこから、魂の死後の行き先を決めるバルドォ期間の四十九日間を過ごすために、現実界に重なる中幽界《ちゅうゆうかい》の空間へと移動します。

臨死体験をした人がよく見たと言う「お花畑のある空間」が、この世と霊界の中間にあります。人により花の種類は変わりますが、花の出現という指令プログラムが脳内にあり、視覚化されます。

普通の人生を送れば、無信仰であっても必ず先祖霊の中から最低一名は、遺伝子のつながりゆえに迎えに来るものです。しかし、少ない先祖霊の迎えでは、発光する光の量が少ないので、魂が肉体を離れる時に痛みを感じるかも知れません。

集団でたくさんの先祖霊が迎えに来た時の黄金色《おうごんしょく》の発光とは、それはすごいものです。この光に包まれた時、その人の魂は大安心の心境になり、何も恐怖を感じません。肉体から魂が離れるのも、無痛のままスムーズに進みます。

問題は、自分の生前のおこないが悪い場合は、先祖が迎えに来ましても、先祖の光を認識できないことがあります。

この場合は、その人が死んだ場所に魂が留《とど》まるものです。無理に肉体から魂が離れるために、死んだ時の苦痛のまま死後もこの世に留まります。

自分がもう死んでいるという自覚のない場合もありますし、自分が死んでいるとわかっていましても、あの世に行きたくても行けない場合もあります。

成仏すべき最初の期間四十九日間を逃しますと、一周忌までこの世に留まることになります。それも逃すと、次は三回忌、その次は七回忌、十三回忌まで……と延びていきます。それまでに改心と縁者の供養が大事です。この世に留まる限りは、死ぬ時の苦しい状態が継続します。

死の直後は、自分が好きな場所に移動できたのが、時間経過と共に段々と移動ができなくなり、現実界の限定された場所に縛《しば》られる状態になります。これが地縛霊《じばくれい》です。そうなった魂の移動手段は、生きている人に憑依《ひょうい》するしかありません。

また、悪徳な教団などに関わり、たくさんの困る人々から金銭を搾取《さくしゅ》し、家族との貴重な時間を潰させ、子どもたちの運命をも変えさせた人々や悪徳な霊能者は、死ぬ時に教団維持霊や、利便を得させた背後の魔物からのお迎えを受けます。その魂には、バルドォの四十九日間は非常に厳しいものとなります。生前の自分がしていた信仰の愚かな行為の真相と間違いを認識し、自分と縁があった他者が抱《いだ》いた悲しみを、今度は自分自身が繰り返し体感することになります。

これは殺人や自殺などをした魂も、同様な厳しいバルドォ期間の四十九日間を体験します。

いかに自分が恩知らずで身勝手だったか、他者を苦しめ悲しませたかをトコトン思い知ることになります。

3 死後の行き先を決めるのは自分です

人生を終えた魂は、死後のバルドォの四十九日間に、今生で自分がおこなったことの反射の刺激を受けると考えておいたほうが良いです。死を挟《はさ》んで、生前の行為が反転し、自分に反射するのです。

他人を苦しめた魂は、自分が他者に与えた同じ苦しみを死後に体験します。生きている間に、自分が他人に与えた嫌なことの反射を受けておいたほうがまだマシです。死後は肉体がない分、反射がより強くなる法則があるのです。

自分が生存中に、自分がしたことへの謝罪や反省、改善の努力をしたかどうか？

これらをしていれば、死後の反射具合の緩和《かんわ》も法則の中にあります。要は、「人間死ねばおしまい」のような逃げ得は絶対にありません。現実界でも昼と夜が半分ずつあるように、死後の世界も今生と同じように継続するのです。

今生で他人にかけた愛情も、死後に自分自身に反射します。

供養が届くかどうか、わからない不安な中でも先祖供養ができるのは、先祖への感謝と愛情があるからこそ、なのです。絶対に届くと保証されたことをおこなうのは、ただの義務的な行為に過ぎません。給与をもらえるから働くような感じです。それでは先祖に届く供養ではないのです。

「先祖供養など、そんなことはしてもムダ！」とされることを実践ができるのは、本当の自分の気持ちの現れなのです。その気持ちが先祖霊に届きます。

死んだらおしまいと思いながらでも、この世で見返りを期待しない善行をおこなえる人は、とても立派な人です。この世の最後を独りで終えましても、生前に多くの先祖霊を癒《い》やした人は、死後に必ず癒やされ救われます。

バルドォの四十九日間に、今回の人生で自分がした行為の反射を受けて総決算をした魂は、自《みずか》らの意思で霊界か地獄へと引き寄せられるように進んで行きます。

肉体が無くなりますと感覚が非常に鋭敏になるために、この世で感じる十倍の反射の刺激にさらされることになります。逃げよう・隠そう・言い訳しよう……などの感情は吹き飛ばされます。なぜなら、すべての魂は根源存在一つの分霊であるために、人の本性は絶対的に善なるモノですから、あの世では誰もが嘘がつけないのです。

死後に自らの良心に逆らえる人は、誰もいません。

この世の行動には一切のムダがなく、反射することを肝《きも》に銘じておいて欲しいです。誕生から死まで、私たちの人生の詳細が空間に磁気として記録されています。死後に、この世の行動が一切のムダなく、自分に反射することになります。

このことを認識するだけでも、今からの生き方がきっと変わることでしょう。

第二章

死後の世界、その真実

1 四十九日が過ぎても現実界に留《とど》まるとどうなる?

人間の中には、死後の四十九日間のバルドォが過ぎましても、「自《みずか》らの良心に従って進むべき世界へ行くこと」を拒否する魂がいます。

肉体を亡くした魂が、この現実界の物事（人間・財産・行為など）に対しての心配や欲心《よくしん》の執着を持ちますと、この世界から離れることを拒否して、この世に留《とど》まろうとします。そうなりますと、内在神（自分が持つ神性）だけが魂から離れて、あの世に先に帰ることになってしまいます。

この現実界の次元において、内在神を宿さない魂は、まさに「もぬけの殻《から》」と言うにふさわしく、生前の肉体に似た姿の霊体で、目の焦点が一点だけを見ているように観えます。

霊体が四十九日を過ぎても現実界に留まりますと、一年間は好きな場所へ自由に移動できますが、段々と移動範囲が狭《せば》まり、動ける自由度がなくなっていきます。日々、霊体に重りが加えられていき、重力に縛《しば》られていくような感じがします。最後は、特定の場所に縛られる地縛霊《じばくれい》となります。

死後一年以上を過ぎてもこの世に残存しますと、霊体は限定された狭い範囲でワン・パターンの動きをロボットのように繰り返すことになります。
地縛霊はその苦しさから、縁ある人間に寄り憑《つ》きます。そして、自分の存在を知らせようとします。その頃の霊体は、目玉の部分がなくなり、両目の辺りが真っ黒な窪《くぼ》みだけになります。

さらに年数が経過した地縛霊や浮遊霊は、全身の皮膚が溶けるように姿形が崩れ始めます。そして、腐臭もします。
霊体がこの世に留まる間は、死ぬ時の苦痛が継続し、日を追うごとに苦痛度は増します。その激痛のために、アゴが外れたように伸びてしまう霊体が多いです。口を大きく開けたままになります。

もし、このような霊体が家系に存在しますと、同じ家系の霊線につながる子孫・縁者たちの「家系の霊線の障害物」となります。家系の霊線を通じて神霊から流れて来る生命エネルギー（生命力、運気、子孫の誕生に関与）の流れを悪化させて、生きている子孫に悪影響を及ぼします。その子孫・縁者には、病気・不運・心の不安定・自信の無さが付きまといます。

しかし実は、これらの現象自体は、迷いの世界の産物です。従って、自己の内在神に従って素直に動ける人（カンナガラの人）には、起こらない現象でもあります。存在しないのです。心が素直な人は、お得な人です。

私の場合は低次元から高次元まで自在に瞬間的に感応《かんのう》することが可能なので、総合的な視点で観ることができますが、部分的にしか感応できない視点では非常に誤解する世界が霊的世界にはあります。

とにかく言えますことは、「有ると言えば有る」し、「無いと言えば無い」のです。自

分自身の心境に応じて、霊的な影響の有無が決まるのです。

もし、現状の生活に不幸を感じているならば、自分の心の迷いの世界を消していくことから一歩一歩始めましょう。

これをサポートする手段が、感謝の先祖供養の行為です。迷いの幻の現象に対しましては、迷信的とも思える霊的行為が有効であり実際に必要なのです。

人間は、自分に巻かれた迷いの磁気の影響で、幻想や不安を感じています。迷いの磁気の影響は誰にでも「有る」のです。

精神世界の有料先生様の「この世は一つ」的なキレイゴトを何回聞かされたところで、自信が持てない自分が変わることはありません。自信（自神）の持てない人が瞑想や行法をしますと、魔境に入り精神を害します。

この世は、自分の努力と練習により物事が上達する世界です。練習なしでは、野球選手にも絶対になれない世界なのです。「君はすでにプロの選手と同じだ」と言われたところで、いきなりホームランを打てるはずがありません。だから毎日の先祖供養という

現実の行為が、自分を変えていきます。

現実生活の中で自分ができる努力を積み重ねながら、家系の霊的ハンディ（幻の縛り）を溶かすに従って、自分の右胸に内在する神性の発露が誰にでも必ず起こってきます。

2 恐れるべき相手は、本当の自分

生きている私たちの心と、死後の私たちの心。
この二つの心の状態の違いは何でしょうか？
私の記憶では、最大の大きな違いは、思い出す記憶量が、ケタ違いに変わります。死後には、自分の心が体験した幾度もの転生の人生の記憶を、すべて思い出します。

今の私たちの肉体の脳の記憶量とは、一ヶ月前のことも怪しいものです。一年前の今日のことを覚えていますか？　覚えていたとしても、キーワードに基づく断片的な記憶に過ぎません。

これが、自分が死ぬ時の瞬間には、自分の霊体が、肉体から浮き上がった瞬間には、コンマ数秒の間に、

■今生の人生のすべてを走馬灯《そうまとう》（影絵が回転しながら映るように細工をされた灯籠《とうろう》）

のように、思い出します。

■肉体から離れる時の霊体は、「青色発光ダイオード」のように発光します。

■肉体から霊体が剥《は》がれる時は、火を吐く瞬間のゴジラの背中のように青く光ります。

特に霊体の頭の部分が大きく発光します。

私はこの青色を、スサノオ・ブルーと呼んでいます。

死後の冥界《めいかい》（地獄と霊界を含むあの世全体のこと）と神界をつなぐ神様は、スサノオ神だけです。スサノオ神の子分であるオオクニヌシ神が、出雲《いずも》の地で死後の入り口を司《つかさど》っています。スサノオ神の姉である天照太御神《あまてらすおおみかみ》は、伊勢の地で魂の誕生の門を司っています。スサノオ神の親神は、白山の地で、出雲（死後の世界）と伊勢（誕生の世界）を見守っています。

そして、記憶と脳の話に戻りますが、生きている私たちの脳について、「脳の十パーセント神話」（すべての人間は、脳の十パーセントか、それ以下の割合しか使っていない説）が指摘されています。要は、まだ科学的に脳の活動内容がわかっていない領域が多いので、多くの脳の領域が休眠していると誤解されているようです。それでも現時点では、稼働率は百パーセントに程遠いなどと指摘されています。

これが、死後の霊体の脳では、ほぼ百パーセントに近づくと思ってください。脳全体が青色に発光するほど、神経細胞が活発に活動するイメージです。もう肉体ではないのですが。

死後の、この時から起こり始める現象は、

■生きている最中は、脳のたった十パーセントの能力で、誤解したり、忘れたりして、他人を恨んだり、喜怒哀楽を真剣に誰もがしていた。

■死後は、脳のほぼ百パーセントの能力で、まず今生の自分を振り返ります。

■自分が忘れていたことや、誤解をしていたことも、冷静になった百パーセント脳の自分は、すべての真相を思い出します。

■百パーセント脳は、親やきょうだいのことも、今生で縁があった他人のことも、恨んだ相手のことも、冷静に正確に評価をすることができます。

■その時その時の他人の心中も、本心も、自分の百パーセント脳は正確に手に取るように思い出せます。

そして、何が起こるのでしょうか？

百パーセント脳に戻った人の心は、

「穴があれば入りたい！」

「もうやめて～～、あれもこれも自分が悪かったかも……」

とわかり始めます。

さらに死後の反省の四十九日間が終わる頃には、今生以外の自分の過去生も思い出します。すると、自分は被害者だと今生で思い込んでいたことも、どうして、そういう現象が、事案が、今生で起こったのか？　という辻褄《つじつま》が、流れが、連続映画で見るように腑《ふ》に落ちます。

その時に、大半の魂はとにかく、
■誰も悪くなかった。
■仕方がなかった。
■もっと、感謝して暮らしたかった。

などなどを思うように変わっています。もう生前のような心の状態の自分はいません。それから、自分で、自分の行き先を希望します。完全に公平で冷静な自分の心が、自分が受ける因果応報を自分で決めて、そういう世界に自《みずか》ら進んで行きます。

霊界は、それに応じた千差万別《せんさばんべつ》の世界が厳正に用意されています。似た者同士だけが集まる世界が、あの世の真相です。

❖誰もが、本当の自分を騙《だま》すことも、誤魔化すこともできません。

❖今は十パーセント脳の自分で喜怒哀楽をしています。死後に、百パーセント脳の自分が、自分で自分自身を判断する世界が待っています。

❖自分の良心に従って正直に生きて行くこと。これが天国に自ら入る条件と言えます。

本当の自分が観ていることを忘れずに、今日も十パーセント脳で楽しんで生きましょう。十パーセント脳だから、自分が間違いをする想定もして、謙虚にいることが大切です。

自分が間違っている可能性。

これを忘れないことが大切に感じます。

3 青い色の不思議について

人間が死ぬ際に、肉体から霊体・魂が抜ける時に出る光が「青色発光ダイオード」のような色だと前項で指摘しました。

これは、暗室で撮影された、死の瞬間に人の肉体から「青い光」が出ている映像を、海外の研究者のサイトで見た記憶があります。

この青い光にそっくりなのが、意外にも原子炉の核反応が異常に増大して、ある臨界点を超えた時に出る光です。まったく同じ「青い光」なのです。「チェレンコフ光」と呼ばれます（口絵参照）。

インドのシバ神は、「死と再生」を司《つかさど》る神様とされており、その御神像は古来、青い色に塗られています。この青い色こそは、「青色発光ダイオード」「チェレンコフ光」との関係を夢想します。昔の人は、死を司る存在が、青い色をしていると感知したと想定します。

シバ神＝スサノオ神に相当します。日本の神話ではスサノオ神は、スサノオの剣からタゴリヒメ・イチキシマヒメ・タギツヒメという海を守護する三柱の女神を産んでいます。だから、スサノオ神は海との深い関係が指摘されています。深海の色も、青い色です。前記のような青い色が、伝承からも「死」や「神様」と関係する色だと思ってください。

東京大学での研究で、青色灯を設置した駅では、列車への飛び込み自殺が減少するという統計が発表されています。また海外では、事件が多い通りの照明を青い色に取り替えたところ、犯罪率が低下したという報道もありました。

以上は、何を意味しているのでしょうか。人類が持つ根源的な本能に触れる色が、青い色であると、神話的にも想定します。

無意識下で死を想起して、正気に戻る、我《われ》に返るという現象を感じます。

人が死ぬ瞬間には、そのコンマ数秒の間に、今生の自分の人生のすべてを、走馬灯のように思い出します。膨大な情報を、脳は瞬間的に処理します。

これはつまり、

■脳の神経細胞・シナプスが、光速を超えて働く現象。

■神経伝達が、光速を超えた時に、臨界点を超える現象が発生して「チェレンコフ光」を放射する。このような夢想をします。

人の死の瞬間は、ある意味で核反応である。

これを未来に提示しておきます。


人間は、死を忘れますと、つまらないことにこだわって他人と喧嘩もします。

死を明るく忘れなければ、少々のことも、仕方がないと流していけます。

もし、気持ちが沈んだ時は、青色の服や、青い色の品物を見ることも参考にしていただければ幸いです。原初のエネルギーが、心中に湧いてくるかも知れません。

4 自分の命を左右させる存在とは？

臨死状態から蘇生《そせい》した人に多いことは、
■知っている故人が夢の中で登場して、「まだ早いから来るな」と言われること。
■その多くの場面に、自分がよく知っている「乗り物」が登場します。

船に乗ろうとしたら、故人である家族が先に乗船しており、「乗るな」と反対される体験。でも、自分は乗りたかった。

元力士の臨死体験では、巡業でよく乗っていた大型バスに、自分も乗ろうとした時に先代の亡くなった親方が先に乗車していて、「まだ乗るな！」と一喝された夢。

自分がよく知っている故人と、自分が乗ったことがある乗り物。この二つが夢に登場して、乗ることに反対された人は、臨死状態から蘇生しています。

日本では昔から、交通手段がない時代の臨死体験では、
■三途《さんず》の川が夢に登場すること。
■その川の両岸を往来する「渡し船」と、顔を隠した船頭さんが登場。
■向こう岸には、亡くなった家族がいて、「まだ来るな〜」と叫んでいる場面。

つまり以上の現象は、すべてを知っている何かの存在が、その人が知っている故人と乗り物の映像を使用して、まだ死ぬべきではないと反対した結果で、臨死状態から蘇生しています。

だから、もし子どもが臨死体験をすれば、アニメでよく見ていた「猫バス」と亡くなった祖父母が登場して、猫バスに乗ることを反対することでしょう。

このような人の生死に対して、医師が臨死状態だと判断した状態からも回復させて、知っている故人が「乗り物」に乗ることを反対する場面を、夢で見させる存在とは何でしょうか？　誰でしょうか？

私が感じますことは、
■その存在こそは、自分のすべてを見て知っている「本当の自分」である。
■本当の自分とは、神的な意識の自分。今の生きている自分に共存している内在神のこと。
■普段の自分は、「自我（自分中心）の自分」で、誰もが生きています。
■すべての人類は、「自我の自分」と「神的な意識の自分」、この二本立てで意識が構成されている。

このように感じます。

本当の自分が自分の善悪のすべてを見た結果、まだ生きるべきだと判断した場合、本当の自分が未来を知っており、まだ役目が残っていると判断した時、奇跡的な回復が起こると感じます。

つまり、人生とは、本当の自分を納得させることができるのか？ これに懸かっているのです。

他人は理解していなくても、本当の自分（絶対的な良心・真我・内在神）は、すべてを共に体験して知っています。本当の自分が許可をすれば、健康も、金運も、仕事も、与えられると感じます。

今日も、本当の自分が納得するように生きたいものです。

5 他人に向けて出した感情を、死後に自分が受け取る法則

東日本大震災の被災地での幽霊話は、社会心理学者の分析によって出版されたり、ネット報道でも散見されます。

一番多い内容は、タクシーの運転手さんからの証言です。

■暖かい季節なのに、厚手のダウン・コートと長靴の姿の女性か、あるいは小学生くらいの女の子が一人で、

■深夜に駅前か、街の中で手を上げて乗車して、大津波で更地になった地区の住所に行って欲しいと言う。

■そして、目的地の周辺に着いた時には、後ろの座席から消えていた。

というパターンが見られます。

こういう話を現在の現地で働くタクシーの運転手に取材しますと、うんざりした顔を

されて、亡くなった御方を幽霊と呼ぶな、と少し怒る運転手さんもおられるようです。
きっと、何度も聞かれて嫌になったのでしょう。
私としては、東日本大震災が発生した夏は、まだこういう現象があったと思います。

そして、この話で注目したいことは、霊が、わざわざ他人であるタクシーの運転手さんに、ある意味で仕事の迷惑をかけていること。どうして、これが必要なのでしょうか?
ここに、人の死後に大切な、霊的な法則へのヒントがあると感じるのです。

つまり私たちは、自分が死んだ時に成仏するためには、家族や他人からの、
■愛情ある「思い」が必要である。
■それは、「可哀想だ」「気の毒な」という思いやりの感情を他人から受けることで、三途の川を渡ることができる。
■他人からの「思いやり」の感情こそは、三途の川を渡る時に船頭に渡す必要があるという乗車賃である六文銭（今の三百円ほど）の正体である。
このように感じます。

霊が成仏するためには、生きている人間からの「思いやりの感情」を受けることが必須であるために、葬儀の行為、日々の供養行為も必要なわけです。

しかし、このように書きますと、これは困ったと思う人が多いのも現代なのです。

■自分はたった独りであり、もし亡くなっても、警察に処理をしていただいて、誰からも供養はしていただけないだろう。

■もし自分が死んでも、誰からも「思いやりの感情」をいただけない可能性が高い。

■自分がそういう生き方をしてきたのはわかっているが、成仏するためには他人からの成仏を願う思いやりの感情が必要条件ならば困る。

このように心配に思うことも道理です。しかし、霊界には、ちゃんと次の法則が用意されていることを感じます。

❖自分が生前に他人に出した感情を、死後の自分が受け取ることになる法則。

❖もし自分が、他人に対して「思いやりの感情」を出していたならば、それが空間の磁気に記録されており、死後の自分が受け取って、成仏ができます。

❖自分が生前に、先祖へ正しい供養行為をしていたならば、独り身である自分の霊体は、他人からの供養やお情けの感情を受けなくても、生前の自分の供養行為の反射を受けて成仏できます。

❖もし自分が、他人に怒りの感情を起こさせるような行為ばかりを生前にしていたならば、その他人からの思いを死後の自分が受け取って苦しみ、成仏は先に延びます。

❖霊体が、この世に留まる間は、肉体の苦痛が十倍になって非常に苦しく感じます。肉体を無くして、自分が神経だけのカタマリになったと想像してください。感覚だけが非常に鋭敏になります。

そして、亡くなる直前の人が発する言葉に、

▪もっと、他人から感謝されるようなことをしていれば良かったなあ。

▪もし次に生まれることができれば、他人が喜ぶことをしたい。

このような話を聞きます。

死を前にして、多くの人は何かをすでに感じだすようです。これも前記の法則を、本

能で感じ出していると言えます。

でも、日常では自分が生活するために働くだけで精一杯であり、他人を喜ばす機会もないのが現実です。

そこで、自分の仕事の中で、自分ができる誠意や愛情を他人に出していけば良いのです。これは、収入にも雇用継続にも影響し、死後に「自分が良い感情を他人から受け取る」という一石二鳥にもなります。

幽霊話も、皆様の参考になれば幸いです。

6 先祖にも承認欲求があります

承認欲求とは、「誰かから認められたい」「肯定的な評価を受けたい」という欲求のことです。

私が小学生の時に、盗んだ文房具を配って友達を増やそうとした同級生がいましたが、あの子も家庭では「いてもいなくても同じ」という境遇から、承認欲求に飢えていたのかも知れません。

忘れ去られた先祖霊も同じです。一人寂しく死んでいき、その死後も誰からも思い出されることがなかった故人は、あの世との境界を流れる川（三途の川）を渡ることが難しくなります。

わかりやすく言えば、善徳貯金からの船賃を、頭巾《ずきん》をかぶった鬼の船頭に渡す必要があります。

その川を渡るための船賃は、**生きている縁者から良い意味で思い出されること、感謝されることであり、生きている縁者から供養の行為を受けること**です。

しかし、生前は一人であり、縁者もなく、誰からも供養をされない故人でも、自分自身で「正しい」先祖供養をおこなっていた人は、大勢の先祖霊に迎えられて余裕で川を渡ります。

このような心象風景が、死後の最初の幽界に存在します。

外国でも、臨死体験談の八割に共通するのが「流れる川」と「トンネル」です。そこには、やはり善徳貯金が必要なこのような「最初の」関門が出現します。

つまり亡くなった故人も、生きている縁者から、

❖存在したことを承認されること。
❖定期的に良い意味で、思い出されること。
❖感謝されること（これは故人には最高の理想）。

これらが故人の善徳貯金（生前の生活・行為の反射）となり、その先の霊界への道程と来生に生まれ出る環境条件に反映されます。

川を渡ることができなかった故人、つまり承認欲求が通らなかった故人は、この世と幽界の境界に滞在することになります（パスポートがなく空港に足止めされるようなこと）。境界に留《とど》まる限り、故人は生前の肉体的・精神的な苦痛の「渦中のまま」の状態に置かれます。

その霊体は、眼から腐り始め、眼は黒一色になり、実際に腐臭もします。これは映像にも撮影されます。特に自殺者は酷い状態のままが継続します。

すると、色々な形で自分の存在を、生きている縁者に承認欲求してきます。

どんなに生前に「私は違う。死んでまで人に迷惑はかけない」と虚勢を張っていた人でも、生きている縁者に必ず泣き憑《つ》くことになります。大自然の流れとは、非常に厳格でもあります。

このことに何となく気づけた縁者が、「正しい」先祖供養により、故人からの承認欲求を認めてあげますと、故人を供養により霊界へ「上げる」ことができます。

無事に行くべき世界にたどり着けた故人は、後から、承認欲求を受け入れてくれた縁者に御礼をします。それが縁者の善徳貯金にも加算されます。

そして、その縁者もいつかは死に、同じような過程を逝くことになります。


大自然も、生きている人間から「お手入れ」「掃除」「感謝」という形で承認欲求を満たしてもらうことで生き生きと再生します。

神々も、生きている人々から存在を認められることで、エネルギーの発露の大きさが変わります。人が神様をお祭りする行為の継続が、そこに、神様が発露する大きさを育てていくことにつながります。エネルギーの法則のように、人から捧げられた感謝が大きいほど、神様が現れるパーセンテージも変わるのです。お互いが「呼応」するように、です。


これらは、最新科学の量子力学（人が見ること、気にすることでデータが変わる物理現象）でも証明されている現象に、先祖供養は通じるということなのです。

生きている人も、故人も、承認して上げていきたいものです。

7 霊界に選ばれた博士

アメリカのベスト・ドクターズにも選ばれた経歴を持つ脳神経外科の権威であるエベン・アレキサンダー博士は、自分が担当した多くの蘇生した患者が垣間《かいま》見たと語る「死後の世界」の話を、脳神経科学の視点から解説して完全否定をしていました。

ところが、ある日突然に博士は急性細菌性髄膜炎という重い病《やまい》に罹《かか》り、脳の大脳皮質に深刻なダメージを受けて七日間の昏睡状態に陥《おちい》りました。同僚の医師が日々撮影した博士の脳のレントゲン写真には、炎症に侵された脳の深刻な状態が記録されていました。それは脳死とも言えるような危篤状態でした。しかし、博士は奇跡的に回復して、七日間の昏睡状態で垣間見た死後の世界の話を語りました。

博士は回復後に脳のレントゲンの経過を見ながら、自分が見た・感じた知覚情報を詳細に分析しました。その結果、親族から新たに知らされた情報と合わせて、死後の世界が実在するという確信を得たのです。

一つは、昏睡状態でも、見舞客の人数と名前を正確に認知していたということ。これは他の臨死体験者も同様な発言をしており、見舞客の脳内の思考も手に取るようにわかった人が多いのです。見舞客の中には、容態の心配よりも金の心配をしている人や、自分の体面のためにイヤイヤ見舞いに来ている人がいたことも、リアルに患者にはわかっていました。

この経験は私にもあります。知らせを受けて危篤の親族の病室に駆け付けた時に、昏睡状態の親族から私の脳内にアクセスするのがわかったのです。私はすぐにそれを感知して、自分が思う内容に注意を払いました。そして、そこで秘密の会話を脳内で危篤の親族とすることができたのです。

だから皆さんも、昏睡状態の患者を見舞う時は注意してください。自分の脳の思考を読まれます。医師や看護師も、患者への思いやりと自分自身に嫌な因果を作らないためにも、患者の側で思ったり話したりする内容に配慮が必要です。

もう一つは、博士は死後の世界を上空から好きな場所に飛びながら驚愕して眺めていた時、見知らぬ美女に出会っています。彼は回復後に、その美女の顔を詳細にスケッチして残していました。その美女は博士に、

「あなたは多くの人々に愛されているから、まだ来るのは早い。だから帰りなさい」

と言いました。博士は多くの患者の命を助けて、無数の感謝を受けている人でした。つまり博士の善徳が、自分の命を救ったのです。

私の記憶では、博士が体験した次元では、多くの人々を苦しめて亡くなった人間が立っている地面が、轟音《ごうおん》と共に突然に割れて奈落へと落ちる場面を覚えています。

この世と変わらないようなリアルな、とにかく不思議な3Ｄ世界の次元が存在します。

そして博士の回復後に、その美女の正体が判明します。博士は、幼い時に両親の事情により養子に出されているのですが、それまで面会を拒否していた実の親から手紙が届きました。手紙には博士を養子に出した後に生まれた実の妹の写真が同封されていました。その妹が三十代で急死する前に撮影された写真でした。

なんと博士が会ったこともない妹こそが、死後の世界で出会った美女だったのです。スケッチの絵と写真が一致しました。

博士は自分の経験を本に書いて、科学者の立場から死後の世界を解説しています。私が思いますには、そもそも博士が急性細菌性髄膜炎に罹ったことも、霊界側からの作用でした。つまり、脳科学の権威者に死後の世界を体験させることで、この世に生きている人間に良い示唆《しさ》を与えて欲しいという計画を感じました。

死後の世界を信じるか否《いな》かで、やはり生きている間の犯罪への認識が変わります。そして、人生を正しく楽しむことにつながります。

とにかく言えますことは、死後も自分の心は継続しますから、慌てなくても大丈夫です。

永遠の命の視点から、今日の生活に感謝をして楽しみましょう。

8

「他者のために」が大切

日本では年に二回、春と秋にお彼岸《ひがん》があります。春分の日、秋分の日を中日《ちゅうにち》として、前後三日間、計七日間がお彼岸の期間となります。

彼岸とは、「向こう岸」「三途の川の向こう側」「あの世」のことであります。春分の日、秋分の日は、昼と夜の長さが同じ。太陽が真東から昇り、真西に沈む。太陽が中間、中道の日。このような特別な太陽の影響を受けて、あの世に供養が届きやすい日、自分の願い（悲願）が届きやすい週、とされます。

三途の川が、あの世とこの世の境目、境界線というのが興味深いです。

実は、これは日本だけではなく、世界中の臨死体験者の大半が、トンネルを通過した後に川を目撃したという証言をしています。地域も民族も宗教も関係なく、流れる川が境界線だったという証言が、古い時代から多いのです。

私の統計では、

■絶対に死んだ、という九死に一生の重症者ほど、川幅が狭く、川の流れが緩やかであり、渡りやすそうだった。早く向こう岸に行きたかった。

■臨死に近かったが、早めに回復した患者さんは、川幅が異常に広くて、激流で怖かった。見るからに、渡り難い川だった。向こう岸に知っている故人がいて、「早く戻れ！　帰れ！」と手で合図をして、なぜか怒っていた。

このような臨死体験の感想に分かれます。

この流れる川とは何でしょうか？

これは時間の流れを意味すると、私は感じます。この世から見れば、「流れているように見える」時間の流れの川です。

彼岸、向こう岸（あの世）にたどり着きますと、時間が止まった世界、この世の所業に応じてリピート再生が固定化される世界を体験することでしょう。

この世がいかに、貴重な祝福された時間限定な次元かということです。

この世だけが、神様も精霊も霊も、悪霊も、ごく身近にいる世界なのです。神様を感じたければこの世に生まれるしかない、と言っても過言ではありません。あの世は次元が細かく分かれる仕組みであり、次元間の移動は難しいのです。

今の生きている間の、自身の一挙手一投足《いっきょしゅいっとうそく》が、死後の自分が行く次元を決めている最中（.ing）です。

先祖供養をしていましても、その効果が目で見えないことに、神様の仕組みが存在します。

自分に目に見える利益がなくても、先祖や縁のあった故人のために供養をしたい。このような**他のための行為をする人間なのか、しない人間なのか？**　これを神様は観ています。その結果は、すべては自分に反映します。

先祖のためにお彼岸に供えた食べ物は、死後の自分が食べることになります。「自分の利益のために」供えた物や線香は、三途の川で流れてなくなっていることでしょう。

お彼岸には先祖（遺伝子の集合体）に感謝を送りましょう。

向こう岸で、多くの先祖たちが笑って見てくれています。

9 あの世にも歴然とした世界が実在する

生死の境を彷徨《さまよ》って生還した人の話で、あの世で綺麗な船に乗るために並んでいたら、亡くなった祖母に、

「おまえはまだこっちに来んでええ。はよ帰りんさい。順番が違う。おまえはまだあちらでですることがある」

と言われ、目が覚めたそうです。臨死体験をしますと、このような体験を現実にします。特に、「船」で「川や湖・海などの水場」を渡ろうとする、というキーワードは古代エジプトの時代から見られます、人種を超えて人類に見られるパターンです。

今の見える世界が存在するのと同様に、死後の世界も歴然と存在します。宇宙のすべてに陰と陽の二つが同時に存在しているのですから、この世が在《あ》るという事実が、同時にあの世も存在する証拠なのです。

「あの世が存在する証拠を見せろ！」と言われましたら、その返答は「この世が存在するから」で良いです。片方だけが存在すると考えるほうが、科学的ではないのが真実です。

今のこの世に自分が存在するのは、先祖が存在したという事実があるからです。でも、亡くなった先祖は見えませんよね？　姿は見えませんが、誰もが先祖が実在したことを「流れ」から知っています。この世も同様にして、霊界が存在するからこそ、霊界からの転写が起こり、この世が生まれています。

今の時間の世界も、霊界・幽界に因子が先に存在しています。この従来のパターンも変わろうとするのが、今という稀有《けう》な世紀なのですが……。

この話で私が言いたいことは、

「**生きている全員に、まだ生きるべき使命がある**」

ということなのです。でも、「自分なんかに、悪い使命はあったとしても、良い使命などない」と思ってしまうかも知れません。

しかし、私たちが思う善悪の視点を超えた大いなる存在（内在神）から観れば、

「**誰もが使命があるから、生かされている**」

というのが本当なのです。どんな人間の先祖も内在神も、その人が生きることを最大に望んでいます。

「では、自分の使命とはいったい何だ？」と人は思うものです。

神様の視点では、

❖とにかく精一杯に生きること。

❖すべてに感謝ができるようになること。

❖さらには他人を喜ばすこと。他人を助けること。

❖そして、太古の時代から連綿と継続する遺伝子（先祖たち）に感謝すること。

このような使命を**誰もが期待されています**。その人間が死ぬギリギリまで期待されています。

まあ、とにかく生きていれば良いです。誰もが必ずわかる時が来ます。

あの世に行きますと、多くの魂が、

「こんな世界が本当に在るとは思わなかった。生きている時は信じられなかった」

「もし信じられたならば、あんなことはしなかったのに」

「自分の生き方が違っていたのに」

「もっと謝っていたのに」

「もっと感謝していたのに」

と心から後悔しています。


霊界に行っても、死んだばかりの魂が納得せずに、「これでは騙《だま》し討ちだ、ひどいよ〜」

「生きているうちにこういう話を教えてくれる、もっと信じるに足る人物を寄越せばよいのにー」と、思うこともあります。


でも、自分が何を信じるかや、生きているうちに正しい知識と出会うか否《いな》かは、自業自得から来る完全な縁なのです。

向こう側から「帰って来い」と呼ばれるまで、とにかく生きてみましょう。生きてやりましょう。

10 善徳貯金が大事です

仏典からの創作物語である「賽《さい》の河原《かわら》」の話があります。

人（仏典では亡くなった子ども）が、死んでから最初に行く場所と言われるのが、冥《めい》途《ど》の三途の川の河原です。そこで人は、先祖の供養のために小石を積み上げて塔を作ろうとしますが、何度石を積み上げても、絶えず鬼が来て崩されます。そこへ菩薩《ぼさつ》が現れて、その故人を救うという話です。

この話と、実際の霊界の姿から感じますことは、

■亡くなった人が、三途の川を渡るためには、この世での善徳貯金の有無が大切だということ。

■この世で悪徳が多くて、善徳貯金がない故人は、死んでも三途の川を渡る費用もないということ（地縛霊、浮遊霊の状態。この間は、死ぬ時の苦痛が継続する）。

■この苦痛を抜けるためには、三途の川を渡って、向こう岸（あの世）に行かなければならない（三途の川を渡り切れば苦痛は消え去ります）。
■そのために、三途の川の河原において、先祖を供養するという善行をおこなうことで、川を渡るための費用を稼がねばならない仕組み。
■先祖のための石塔を積み上げるごとに、善徳貯金にチャリンと入ります。でも、一回や二回では、まだまだダメ。
■善徳貯金が足りない間は、鬼が来て、何度でも石塔を倒します。
■三途の川を渡れるほどの善徳貯金が貯まりますと、菩薩が来て「よくできました」と言って、三途の川を渡らせてくれます。
以上のような夢想を思います。

せっかく努力して積んだ石塔を崩す鬼とは、この世での、自分の邪魔をする嫌な人かも知れません。何度でもイジワルをされるわけです。
でも、これもムダではないのです。その苦痛を立派に耐えた人には、善徳貯金が増していることでしょう。

これは逆に言えば、この世で自分の善徳貯金を増やすために、
■嫌な他人が必要だった。
■自分に負担をかける家族も、実は自分の善徳貯金を増やすために**存在してくれていた。**
こういう見方も言えるわけです。

あれ？　そう言えば、まだ死んでもいないのに、あの世があるのかどうかもわからないのに、効果があるのかないのか見えないのに、お盆やお彼岸に墓参をする日本人が多いです。何という善徳でしょうか！

霊など見えない状態でも、確証のないことなのに、それでも先祖に感謝する供養心には、莫大な善徳貯金がドサッと入っているのです。そういう気持ちに、その心に、菩薩は動きます。

お得かどうかがハッキリしない状態にこそ、その人の本心の行動が出ます、試されています。さらには、お盆やお彼岸でなくても、先祖に見返りを期待しない愛情の一方通行からの供養が普段から継続する人は、実は、その人が菩薩様なのです。死後に自分の

真の姿に気づかれることでしょう。

この世では貧乏であっても、善徳貯金が莫大な愛情深き人をたまに見かけます。そういう人は、思わず拝みたくなるものです。

善徳貯金は、三途の川で使えるだけでなく、あの世にも持って行ける通貨です。来生にも使えます。

他人を見る時は、銀行の預金量で判断をせずに、その人の善徳貯金を見るつもりでいることで、その相手の真の姿が見えてくることでしょう。それは、その相手が普段にどんな行動をしている人なのかにも表れているものなのです。

皆様の視点の参考になれば幸いです。

11 あの世では似た者同士「だけ」が集められる法則

死後の世界を信じない人。死後の世界を怖がる人。地獄には行きたくないと思う人。これが一般的な普通の方々かも知れません。でも、よく考えますと、この世にも地獄のような事件はありますし、鬼のような人物もいるわけです。

皆が恐れるあの世の地獄世界も、今の社会のような感じに思えば、何とか過ごせそうだと思えるものです（笑）。

ただ、あの世とこの世の絶対的な大きな違いは、あの世とは、似たような魂だけが集まる世界なのです。

悪人は、悪人だけが集められる世界。善人は、善人だけがいる世界。「似た者同士だけ」が、磁石のように集められた世界を想像してください。

似た者同士だけを集めるだけで、そこには地獄も、天国も、神界もできてしまう法則です。裁判官も、警察も、他人を裁く偉い存在もいないのです。

ただ、似た者同士だけが、磁石のように集積する世界が真相なのです。


悪人だけがいる世界とは、どんな生活になるのでしょうか？　他の世界から、その世界を見ますと、「これが地獄だ！」ということでしょう。善人しかいない世界を、他の世界の人が見れば、「まさに天国だ！」と言います。

似た者同士だけが集まるとは、怖くもあり、素晴らしい世界が出現することにもなります。ひどい喧嘩をする親子は、似た者同士の親子かも知れません（笑）。

■家族関係でも、性格が違う、違う性別、という違うタイプ同士が、良い関係が継続する。
■年が近い姉妹、兄弟は、嫉妬からの喧嘩が多いかも知れません。
■夫婦は違う性ですので、性格などは似た者同士のほうが、ケンカをしても継続するかも知れません。

■同性婚は同じ性ですから、性格が真逆の違うタイプ、陰陽同士でないと、継続は難しいでしょう。

つまり、人間関係は異性の友人や家族ならば、似た者同士が良い。

性別が同じならば、性格は陰陽の真逆の組み合わせが良い。

何かにおいて、「違うタイプ」がこの世には必要な感じです。


コノ世で悪人が良い思いができるのも、善人がいるからこそです。同じ水槽の中に、ザリガニと美しい小魚を一緒にしていれば、小魚に被害が出ます。

この世だけが、すべての次元の魂が一緒にされている稀有《けう》なる世界です。


自分と似た者同士だけが集まる世界。

これを楽しみにできる自分なのか？　これを恐れる・嫌がる、自分なのか？　今の自分自身をどの世界に運ぶのかは、今の自身の生き方次第なのです。

こういう視点も、参考になれば幸いです。

12 自分と似た人々と一緒に暮らしたいと思えますか？

七十四～七十六ページの図は、今から十数年以上も前に書いた、当時の私のあの世の世界観です。今は、幽界が縮小している最中です。

その縮小した分は、この世に移っていると考えて良いです。猟奇的な事件や、ファッション、自称の芸術などに、幽界の様相が「無意識に」表現されていたり、具現化しています。

故人が死後に行く「霊界」も、決して一つだけの世界ではなくて、様々な次元が存在します。神仙界《しんせんかい》（神界の入り口に近い世界）に通じる霊界もあれば、霊界は霊界でも、最下方の霊界は地獄にも近いです。

どうして、このような多数の、ある意味で無限な、様々なあの世が存在するのでしょうか？

詳細図】

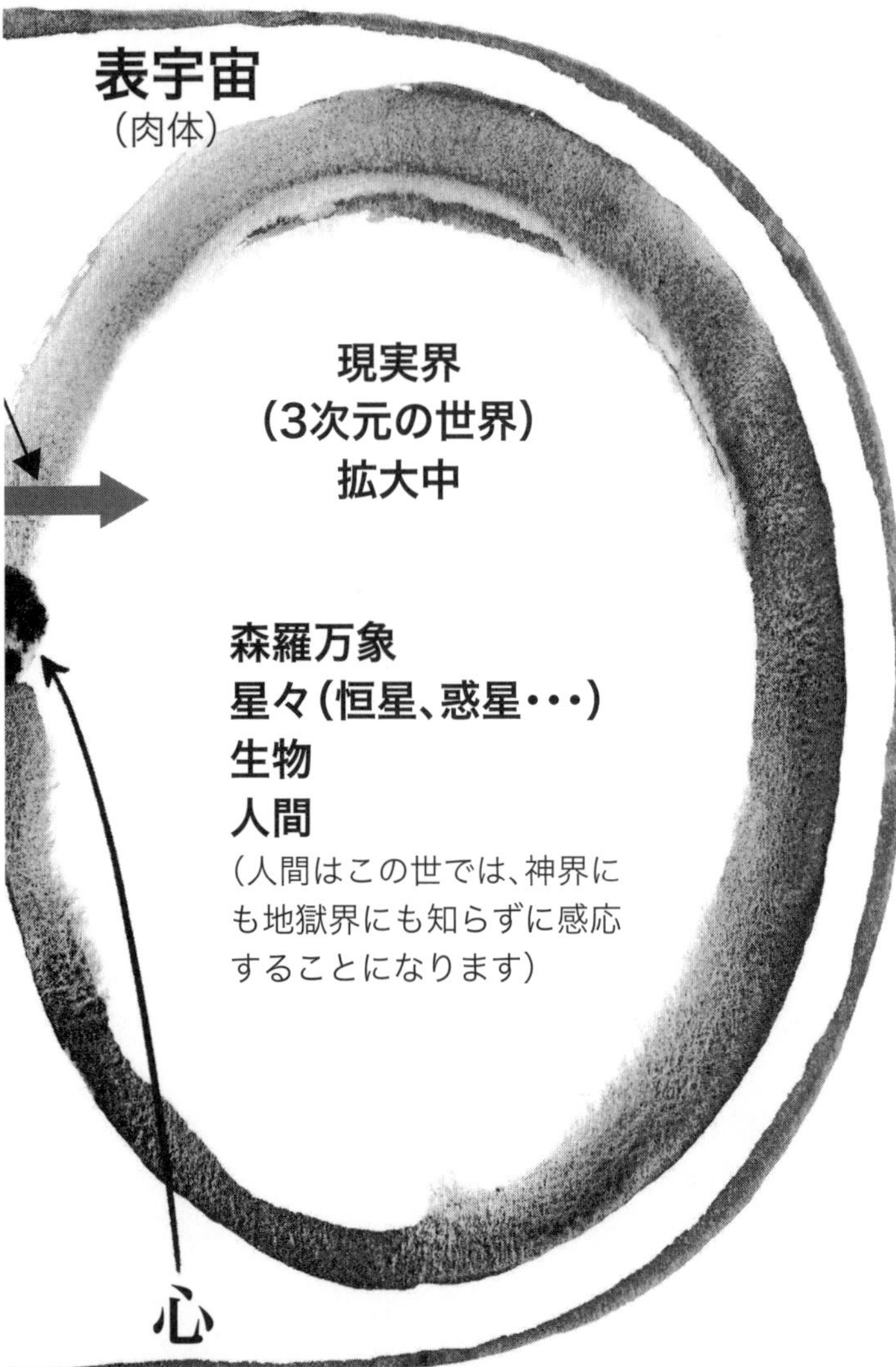

現実界で「今を生きている人」にしかできません。

【宇宙と次元

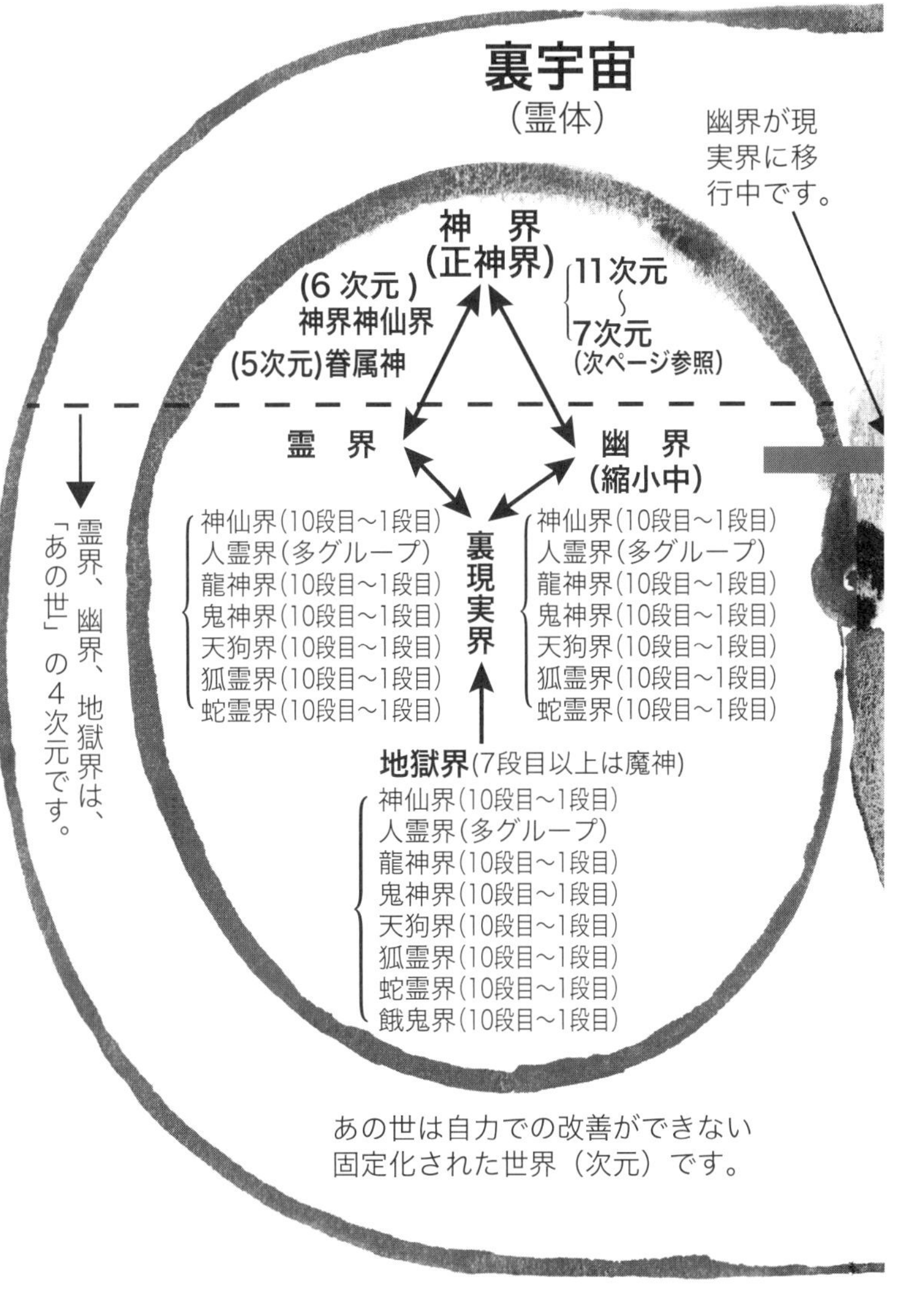

先祖や自殺した縁者を楽にすることは、

【神界の次元　詳細図】

神霊は上の次元では、姿も個性も消えて光の存在です。
本当の神霊は7次元以上になります。

神界

(正神界)

- **11次元　天之御中主神─大国常立太神**
- **10次元　天照太御神**
  - 10段目　天照太御神
  - 〜　〜
  - 1段目　天照太御神
- **9次元　国常立太神─スサノオ神─(ヤハウェ)**
  - 9段目　国常立太神　9段目　スサノオ神
  - 〜　〜　〜　〜
  - 1段目　国常立太神　1段目　スサノオ神
- **8次元　大国主神**
  - 8段目　大国主神
  - 〜　〜
  - 1段目　大国主神
- **7次元　少彦名神**
  - 7段目　少彦名神
  - 〜
  - 1段目　少彦名神

神の眷属神(神の御用をする色々な姿の精霊)

6次元　神霊神仙霊(10段目〜1段目)
5次元　神の眷属

- 神界人霊界(10段目〜1段目)(多くのグループ)
- 神界龍神界(10段目〜1段目)
- 神界鬼神界(10段目〜1段目)
- 神界天狗界(10段目〜1段目)
- 神界狐霊界(10段目〜1段目)

次元の高い低いとは、愛情と思いやりの深さとも言えます。
神名にかかわらず、すべては根源一つから生まれています。

それは、似た者同士だけが、引力で、集められるという絶対的な法則が存在するからです。似た者同士だけを集めていきますと、無数の世界ができてしまうのです。

1. 生前の性格の同類。温和だとか、怒りっぽいとか、恨みやすいとか。
2. 善行と悪行のバランス比率の同類。

今生のおこないのすべては、映像で記録されており、その内容から死後の四十九日間のバルドォの間に、きっちりと人生全体の善悪の判断が出ます。

各人の心にいた良心（内在神）が、すべてを厳正に、完全な公平に、裁定します。各人の内在神（産土神）は、たった一つしか存在しない根源神（スーパーコンピューター）に連動していますから、その判断基準は他人の場合と比較しても不公平が生じない完全な仕組みです。

人生を通した大きな全体の視点と、より細かい詳細の出来事まで判断されて、「同類のグループ」だけが集められる世界へと、故人は重力と引力で引かれていきます。

そのグループの世界が、さらにさらに、この図のような次元の段階に分かれて存在します。

それぞれの次元の待遇や自由度には、大きな違いが生じています。大きな目立つ特徴としては、霊界の太陽の日照時間の感覚の差です（あの世には時間は存在しないから、感覚です）。

良い霊界に行くほど、太陽が沈むことがありません。常に太陽がぼんやりと存在します。一般的な霊界では、太陽が存在する時間と、隠れる時間は、ほぼ同等です。霊界よりも下方の世界に行くほど、太陽が隠れる時間が長くなります。最下方の地獄には、太陽が出ません。

この話の要点は、ここからです。

要は、自分と似た人たちだけで集まるだけなのです。だから、第三者から見れば地獄でも、本人にとっては、自分と似た人々と暮らすだけなのです。

違いは、この世ならば、様々な弱者や強者と一緒に暮らしていたわけです。地獄にいる人は、自分が力で利用できる弱者がいない世界に住むことになります。

これが持つ意味を、想像して欲しいのです。

嫌な性格の、悪徳の多い人「だけ」を集めた世界とは、どんな世界でしょうか？　誰も掃除も、インフラ（生活の基本設備）の構築もしません。騙し合い、殺し合いばかりする、まさに地獄に見えます。

その一方で、他人を助けることに喜びを持つ人「だけ」が集まる世界とは、どんな世界でしょうか？

この世よりも発達した世界が存在します。ものすごく科学も発達しており、ＵＦＯも利用しています。これは、この世で言うＵＦＯの秘密に関係します。地獄界からも神界からも、様々な階層からＵＦＯは来るから注意です。

ノーベル賞を受賞するような人には、このような上層の霊界の世界から来た魂の人が見られます。

また、この世では勉強はできなくても、善行が多い故人は、このような進んだあの世の素晴らしい世界に生まれ出ます。霊界の上層に在る世界です。

死後は、とにかく自身の善徳量で決まります。


でも、神界以上では、このような個性ある世界の様相も消えていきます。

愛情だけが満ちる心の世界に変わっていきます。


このような私の夢想で言いたかったことは、**自分と似た人々と「一緒に住みたいと思えるような自分」になって欲しい、**ということなのです。

え〜〜っ⁉　こんな自分ばかりがいる世界なんて最悪。嫌だ。

では、今の自分とは、どんな人なのですか？　これに、生きているうちに、気づいておいて欲しいのです。

自分自身と似たような人々と、一緒に暮らしたい。このように素直に思える自分でありたいものです。

13 隠し事ができない世界の到来

あの世と比べてこの世の大きな特徴は、この世だけがウソをつける世界だということです。あの世ではウソをつくことは不可能なのです。魂が心に思うことが、映像としてリアルタイムに示現するからです。

例えば、この世の漫画では登場人物の心が嬉しい時には、「♪」などの記号を書いて表現しています。あの世では、まさにそれが示現しています。泥棒したいと思えば、「私は泥棒したい」という思考が瞬時に画像化され、すでに身にまとっています。他の魂からは、それが明らかに見えています。

この世だけがウソや隠し事が通じます。しかし、この世がもしあの世のようにウソのつけない世界ならば、どうなるのでしょうか？

もし泥棒したならば、その顔に「私は泥棒しました」と書いてあるわけです。もし不倫をしているならば、「私はあの人とこんな変態的な不倫をしています」と身体《からだ》に写真を貼っているわけです。これがすべての他人から見られるのです。

もしこのような世界になりますと、泥棒は逃げ場を失いすぐに捕まり、不倫をしている人はすぐに離婚されて家族がバラバラになります。


これが突き進めば、終着点はあの世のような完全なる住み分けの世界の出現です。ある意味では、地上に極端な天国も地獄も出現します。

ただし、似た者同士だけが集まれば、魂を成長させるための良い刺激が起こり難い世界となります。


これからはこの世も、ウソがつけない世界へと変貌していきます。各人の心中の内容が、その顔の表情を作り変えていくことになります。そのような振動数の世界への変化を感じます。

だから誰が見ても危険なケモノのような雰囲気の人物も増えれば、観音様のような優しい御顔の人も増え始めます。このような世界が来ることを楽しみにできるように、今の自分の生活を正していきましょう。

これは必ず到来します。すでに自分の身の回りに、生活行為が顔に出ている人がいるかも知れませんよ。

14 距離感が消えます

自分の死後に、誰もが感じる違和感と言いますか、新しい感覚は、距離感が消えていくこと、**距離感の消失**です。

この世で生きていますと、「駅まで歩かなくてはいけない」「あそこまで行くのは、しんどいな」という距離感があり、実際の苦労・労力が必要です。

これが死後には、距離感が消失して、自分が思った場所に瞬間的にいる状態を、自分の死後四十九日までは特に強く感じることになります。

死後の自分が会いたい生きている知人がいれば、瞬間的に知人の側に行くことが可能です。だから、もし今の自分が「ふと」故人を思い出した時は、その故人が側に来ていると思って良いです。

急に故人を思い出すことは、偶然ではないということです。その時は、誰もが実際に霊現象を体験している最中だと思って良いです。

これと似た現象が、死ぬ前の自分にも起こると思ってください。

死ぬ前の、意識不明状態、昏睡状態の段階になりますと、まだ自分は生きているのですが、周囲にいる人々、または遠方にいる親族・縁者の思考が、その本心が、手に取るように自分の脳に聞こえます。

海外の臨死体験者の報告では、自分が病院のベッドで危篤状態で昏睡中に、

■ナースステーションにいる看護師たちの会話を側で聞くことができた。

■特に自分のことに関する会話は、大きな声で聞こえた。

■遠方に離れて住んでいる自分の親族同士が、費用のことで喧嘩していることも側で聞いていた。

その内容は、臨死状態から自分が生還後に、「こういう会話をしていたでしょう?」と本人たちに確認しますと、青ざめる人、なぜか激怒する人、認める人に分かれたそうです。

ちなみに昏睡中に、看護師が自分の病室に置いてある御見舞いのお菓子を黙って盗ったことも、自分の心は映像で見ていたとのことです。

だから注意して欲しいことは、

■もし親族に危篤状態の人がいれば、今の自分が心中で考えている内容は、病人には筒抜けだと思って良いです。

■もし自分が危篤状態の親族を罵倒したり、「死んでしまえ」と思えば、その思いは病人には届いており、実は死んでしまう人の多くは、その思いを受けて、自分であきらめて死の世界に進んでいることが多いのです。

つまり、最後にトドメを刺すのは、意外にも病人に対する周囲の「思い」だったこともあることを知っておいてください。

ただ、もしこれを知って悪用する人がいれば、自分の因果として記録されていることも知っていましょう。「早く死んでしまえ!」などと、他人に思ってはいけません。

以上の話は、生きている者同士でも、社会で体験していることです。内心で、自分のことを好意的に思ってくれている相手。自分のことを、何も悪く思っていない相手。こういう人に面会しても、疲れないし、嫌な感じがしないものです。

ところが、会うたびに疲れる相手は、相手の内心の本音を、自然と自分の霊体が感知している違和感からだという可能性があります。だから、自分が「癖が強そう」「違和感を覚える」と思う時は、無理は不要です。

自分が相手を「素直そうな人」と思えれば、良い関係が継続するかも知れません。逆に自分が、相手に違和感を与えない内心でいることも大切です。

以上のようなことが、皆様の生活の参考になれば幸いです。

15

あの世は自分の欲求がすぐに叶う世界

今の自分が好きなこと、興味があること。やってみたいこと。知りたいこと。これが非常に重要なサインを発しています。これが明日の自分の運命を、決めている最中だと、創っている最中だと、思って良いです。

どうして、これが重要かと言いますと、死後の世界は、「これで」魂が住む世界が分かれていくからです。自分の好みが、死後の自分が住む世界を決めていきます。

死後の世界は、肉体を無くしているために、心だけの世界になります。すると、何が起こるのでしょうか？

自分の魂がいる場所は、自分の思ったことが、すぐに出現してしまう世界になる。

実は、これが非常に怖いことなのです。

この世では、何を思っても、願っても、すぐには出現しません。途方もない努力と、年数と、運が合わさってこそ、自分の希望が叶うかも知れない世界がこの世です。

そうではなくて、自分が思ったことが、すぐに早送りの映像で「叶う」「起こる」と想像してください。

■もし、他人に怒りを思えば……、相手がすぐに死んでしまう。
■性欲を叶えたいと思えば……、それればかりを永遠にしてしまうことに。
■カネが欲しいと思えば……、際限なくカネが集まり、有り難みが消えて行く。

もし今の自分が死んだとして、願いがすぐに出現してしまう世界に置かれたら、さて、自分はどんな心象の世界を創るのでしょうか？

■ある人は、生きている時の思い癖から、他人を永遠に罵倒、喧嘩ばかりする世界を出現させてしまう。
■生きている時の欲求不満と破壊したい心は、ソレばかりをしている世界に自分の魂を置くことになる。

■また時には、生前の人生と同様に、愛情と平安が好きな人ばかりの世界に安住する人もいます。

つまり、自分の欲求がすぐに叶う世界に魂を置くだけで、個人の魂は、神界、霊界、地獄界へと自動的に、自分から、自分の意志で、勝手に分かれていくのです。

今の自分が、自分がしたい行動を見れば、自分が死後に行く世界がわかり始めます。

ここで別の話をします。

近代百年間の天文学で指摘されていることは、

■以前は星がなかった場所に、新しい星が発見されることが多い。

■これは機械的な性能の進化とは関係がないレベルの問題であること。

■つまり、観測者が増えることで、人間が凝視《ぎょうし》することで、量子力学により星が増えている可能性。

この可能性を真面目に、不可思議に思っている学者たちがいます。

つまり、人間は、生きている今も、
■興味をもって見ることで、新規を生み出す力を、天から授かっている可能性。
■特に、多数が一つの現象を見ることで、粒子の動きが変わり、見る対象のデータが変化する物理現象が量子力学。

そして、肉体を無くした死後の世界こそは、量子力学で現れる世界だと私は感じています。この世で故人を供養することは、故人を思いやっている、気にしている行為です。これが量子力学として故人に働き、故人が住む環境を改善させます。

とにかく、自分が好きな内容が、思う内容が、とても重要だと知っておいてください。それが、死後の自分が住む環境も出現させます。

そして、量子力学で一番大切な思いは、
■感謝する気持ち。
■他を思いやる気持ち。
■他を愛情で育てる気持ち。

これが揃えば、神界か、高い霊界へと自分の心が帰宅して、自分の「心の自由度」が増します。

心の自由度、これが欲しくて、誰もが厳しいこの世に「自ら希望して」生まれに来ています。

今日の自分の心は、何を望んでいるのか？

これを冷静に静観しましょう。

きっと、正されていくことでしょう。

16 真の愛情は、あの世に一番通じやすい

他人が喜ぶ顔が見たい愛情。

他人の助けになりたい愛情。

他を育てたい愛情。


このような愛情が大切です。

男女の恋愛感情のような愛情は、自己愛、自分のための愛情とも言え、利害関係も付いて回るものです。これは、真の愛情ではないのです。

あの世で重視されますことは、他への「真の愛情」の有無であり、その「大きさ」なのです。


そして大切なことは、自分が苦しい環境でも、他への真の愛情が持てるのか？　出せるのか？　これが天に観られています。

今の自分は、他人には何もできない人間でも、心中では他を助けたい愛情を持つことが、天に通じます。

こういう「思い」を自然と自分で持つ人は、必ず生かされていきます。


他へ向けた真の愛情が、自分自身を変えていく霊的な力となります。これは、どんな祈願や、祝詞《のりと》や、幸運術にも勝《まさ》る真の実践力となります。

これからの自分を形成させていく力の中でも、もっとも幸運で、力強い作用をするのが、他への真の愛情を持つことです。これが、死後の自分を助ける力にもなります。


他への真の愛情は、他人だけのためならず。

自分に役立つ本当の力となり、自分自身を創っていく力となります。

真の愛情力を心に持つために、誰もが生まれて来た可能性。

自分が現実には、他人に何もできなくても大丈夫です。

自分が真剣に、他への真の愛情を、自分なりに持てたのか？
これが死後に問われて、最大の評価対象になることを知っていただければ幸いです。

第三章

死後の後悔、死後の気づき

1 人は「気づく」ために生まれています

人間というものは、

■自分一人だけで生きている。
■自分だけが、苦しい。
■自分だけ、寂しい人間だ。

と思い込むほどに、悪い方向に進むものです。

このように自分で思う、いったい何がいけないことなのでしょうか？

この世とあの世には、「自分が、気づけなかった罰」という意外なペナルティ・ポイントが存在します。これが、私たちが想像する以上に、あの世では厳格に重視されています。

だから前記のような考え方には、その間違いに「生きているうちに」何とか気づかせるために、さらに運気が落ちていく、泣きっ面《つら》に蜂の現象が起こります。

死後に気づいても遅いために、生きている間に気づけるように、先祖も必死に知らせようとします。

つまり、「自分が感謝するべきだったこと」に気づけないことは不幸だと思ってください。

死後に気づいた時には、すでに今生のペナルティとして確定しています。来生への課題として、引き継がれて残ります。

死後に多くの人々が、後悔することに、

- 自分は多くの人の助けで生かされていたのに、それに気づくことができずに、逆に恨んでいた。
- あの喧嘩の真相は、自分の勘違いだった。気づけなかった自分が悪い。
- 自分が多くの人に迷惑や苦痛、心配をかけていたことに、気づけなかった。
- もっと感謝をするべきだったのに、逆の態度をしていた。

という問題があります。

そうしますと、

■自分一人だけで生きていると思うのは、恥ずかしい大間違いだった。

■自分だけが、苦しいと思うのは間違いだった。他の人も問題を抱えながらも、楽しそうに見えただけだった。

■自分だけが寂しい人間だと思うのは、大きな間違いだった。

このように、自分が死んで初めて、相手の立場に自分がなって見れば、見る視点が大きくなれば、気づくことが無数に出てきます。

以上を逆に言えば、**今の自分の苦しい環境も、病気も、自分が気づくべきことに気づければ、大きく変わる可能性がある**ということを意味します。

でも、それが何か？　自分は、何に気づくべきなのだろうか？

これを探っていくのが人生なのです。一人ひとりが、自分が気づくべき課題が違います。だから他人を見ても、自分に変化は起こりません。

ただ、誰にも共通しており、あの世でもっとも重視される気づきは、

■自分は、大いなる存在に生かされていることに気づくこと。
■家族や知らない人たちの御蔭で、今ここに自分が存在すること。
■生まれてここに存在するだけでも、めったに起こらない奇跡的な現象であること。

とにかく「感謝」という気づきに目覚めれば最高です。
この世の人の人生とは、感謝するべきことに、漏らさずそのすべてに気づくことに挑戦中。こういう可能性を知っておいていただければ幸いです。

❖感謝するべきことに気づくために、人は生まれ出ている。
❖これがあの世で大きく重視されて、観察されている。

この法則を素直に自分で受け取った人から、人生が変わることでしょう。

さあ今日も、何かに気づいて生きたいものです。
「気づく」という現象こそ、幸運も、改善も、ノーベル賞も、仕事も、結婚も、人生のすべてを生み出す切っかけとなることでしょう。

2　自分の良心が知っている

私たちの死後、自分の魂の行き先を采配するのは、「自分の良心」です。

人間は肉体を亡くして魂だけの状態になりますと、現実界で背負わなければならなかったハンディ条件が解かれ、意識と知能が非常に明瞭になります。認知症の老人は正気に戻り、知能のハンディがあった人は正常な意識状態になります。

そして、今回の人生の旅の全容がリピート再生された映像を、短時間ですべて見ます。その時々の、周囲の人の本音も見えるのです。恥ずかしさ、後悔、懺悔《ざんげ》、申し訳なさに、悶絶《もんぜつ》します。そして自分で魂の行き先を決めて進んで行きます。

今回の人生旅行を振り返り、行き先を決断する期間が、普通の人で約四十九日間です。

自分の欲による殺人をした人、沢山の人間を苦しめた人は、この人生を振り返る期間が延びます。数年、数十年、数百年……、人により色々です。

リピート画像から目を離すことは許されません。どこを向いても、人生で自分がした詳細が再生され続けます。そして魂が後悔・反省をした段階で、自ら地獄に進んで行きます。誰からも強制はありません。

強制と言えば、罪深い魂は死後にリピート画像を長期間見る空間に導かれるだけです。

戦争に参加させられたことや裁判などの裁判員となり、もし他人の死に干渉したとしても、社会の制度で避けることができなかったことは、自分の良心が真相を認識しています。そういう場合は、死後に自分が選択する道に、やましい思いは湧いてきません。

深い意識状態での人類の良心は、すべて共通で同じものです。誰もが一つなる根源存在の一部だからです。あなたも今、生きながらに根源存在の良心（内在神）を預かって生活しています。

罪がばれなかった。同僚をおとしめたが社長は知らない。殺人事件の時効が成立した。良いことをしたが誰も気づかない。善意でしたことが逆に恨まれた。

そのすべては、もし現実界で白黒がハッキリしなくても、別に良いのです。死後に各人が自分でハッキリと決断して進んで行くからです。ただ、この世で罪を償わなかったことは、死後に十倍の罪に化けます。

これから現実界で、人類の意識が明瞭になるに伴って、生きながらにして死後に自らの行き先を選択する時のような意識で、他人に尽くしたいという欲が、出てくることでしょう。

しかし、余計な他人の霊的磁気が憑いていては、意識が明瞭にはなれません。

自分の意識を明瞭にさせる手段は、感謝の先祖供養と感謝想起（「生かしていただいて　ありがとうございます」と自分が生かされていることに普段の生活の中で感謝をすること）がもっとも有効なのです。

参考にしていただければ幸いです。

3 死後は、相手の心境を自分が体験します

心を痛めるような事件が毎日のように発生しています。そのような事件を聞きますと、犯人はちゃんと捕まるのか？　厳正に罰せられるのか？　と思うかも知れません。

事件ではなくても、知り合いのあんな悪い人がのうのうと上手く暮らしている。本当に神様はいるのか？　と多くの人が思うような例が世間にはあるものです。会社や学校でも、弱い者をイジメているほうが楽しく生活をしているものです。

この世には理不尽《りふじん》で不公平なことが現実にあります。

でも私は、そのような問題を見た時に、いつも思い出すことがあります。私が過去生でこの世に生まれた時、その人生での最後の瞬間を迎えた時の状況です。

その時に、

■今生で自分が他人に与えた感情
■自分と関わった他人が経験した感情
■相手の立場に自分が入れ替わった体験

を、自分自身と自分が関わった他人の一生分を、ほんの数秒の間に自分が経験します。

この数秒間は、自分の死に行く肉体全体が内部から青い光を発光し、青い光に包まれることも覚えています。脳も燃え尽きる前のロウソクの灯のように大きくオーラが発光します。

このようなシステムの流れを毎回体験しました。だから、今生でも私が死んだ時に、今生で私が他人に与えた感情を自分が体験することになるでしょう。

このことを思い出しますと、どんな悪人も逃げることは不可能なのです。

だから安心してください。この世を上手く逃げ切った悪い人ほど、気の毒な体験をします。自分で自分を後悔で罰する次元が歴然と今も実在しています。

しかも、この世の肉体次元とは違い、イメージ・思い・感情の世界の次元ですから、この世の十倍の感度で自分が相手の立場で経験した感情を体験することになります。

その瞬間に誰もが「毎回」思うことは、
■もっと他人のためになることをしたかった。
■他人を喜ばせたかった。
■先祖（遺伝子）に感謝をするべきだった。
■この世で神という存在に、もっと真剣に向き合い感謝をするべきだった。
ということを、自分が死に行く経験の中で思い知ることになります。

私が生き急ぐように寝ずに仕事を継続できるのも、過去生の死の体験からです。その時の死の瞬間を思い出しますと、
■まだまだできる。
■もっと他人のためにできることをしたい。
■他人を助けたい、何とかしたい。
と真から思えるからです。
自分が何も持たずに一人で裸で死んで行ったことを思い出します。

だから、自分の良心に従って、明るく生きて行きましょう。


自分が他人に向けて思った感情は、いつか後で、必ず、自分が受け取ることになります。

他人にした行為も、なおさらに違う形で自分が受け取ることになります。

生きている短い間ぐらいは、思いっ切り生きましょう。

4 深刻ぶることは何もなかった

今朝に思いますことは、

「人は、自分が必ず死ぬ存在であることを忘れなければ、もっと良く生きられる」

「ただし、自分の心は永遠に死なない存在である自覚を持ちながら」

ということです。

もし、今が悩みの中にいるならば、

「私は、いずれは必ず死ぬ存在なのに、何を今に悩む必要があろうか？」

と自分自身に言い聞かせるのも良いかも知れません。

悩みながら、怒りながら歩く道（人生）も、いずれは終わります。**どうせ同じ距離を歩くならば、笑いながら歩けばよいのです。**

まさにこれを死後に、どの魂も後悔しています。

いざ死んでみれば、**肉体は無くなっても、自分の感じる気持ちはそのまま継続していることに驚き、**麻酔から覚めたような感じで最初はいます。

そのうちに、知っている故人（親族や友人）に再会し、自分の今生を走馬灯《そうまとう》の流れる映像のように目撃をした時に、まさに感じることは、

■どうせ同じ距離を歩くならば、もっと笑いながら歩けば良かった。

■深刻ぶることは、何もなかったのだ。

■騙《だま》されても、酷《ひど》い目に遭わされても、笑っていれば良かったんだ。なぜなら、神様も、閻魔大王《えんまだいおう》も、本当にいたから。

■自分の人生には、本当は何も起こっていなかったのが真相だった。アレもコレも、死を体験してみると大した問題ではなかった。

■それよりも、自分に善行がなかったことが、これほど苦しいこととは知らなかった。これが死後の最大の後悔であり、苦しい問題だ。家族にも他人にも、もっと優しく尽くせば良かったな。

■この世での善行こそが、あの世の万能通貨・貯金だったんだ。**この世で金がないの**

も苦しかったが、あの世で善行貯金を持たない魂ほど、惨《みじ》めで苦しいことはない。

■また、転生したいな。今度こそ、他人を喜ばせたい。

以上のような流れが、大なり小なり、誰もが体験することです。

私は今でも、このような故人の様相、あの世の動きを日々の中に視ています。

チベット仏教では「死」を、聖なる最高の通過点の儀式と考えます。国際空港の入国検査を、聖なる部屋で受けるぐらいに思えば良いです。その入国検査官により、今生の自分のおこないを音声付きの映像で見せられます。

その映像を自分が見せられている最中は、その検査官が自分の目を、心を、無言で凝《ぎょう》視《し》しています。過去の自分の映像を見ながら、もうウソも弁解も不可能であることを自分で悟ります。

これが終わりますと、検査官に「あなたは、あちらの入り口から入国しなさい」と指示されます。最初に五つぐらいの入り口が存在し、指示された入り口に各人それぞれに進みます。その先には無限で広大な世界が待っています……。

ただ、その先にも、いくつかの入り口検査が待っています。そのすべての検査を終えた後に、自分自身の良心から、最後の行き先を自分で判断することになります。

とにかくこの世は、完全管理、すべてが記録されていると思ってください。だから、ムダなことは一切ないのです。誰にも知られていない善行も、悪行も、他人に見える善行も悪行も、あの世ではすべてが厳正に正しく評価されます。

この誘惑の多いこの世でも、見えない先祖（遺伝子）を癒やし、何事にも感謝をしていた人は、何も心配がいりません。

完全な歓喜、慈悲にあふれたあの世の世界に住むことになります。

誰もが今は短期間の旅行の最中なのです。

深刻なことは何もありません。

嫌な体験も、それさえも自分が前世からの理由があって体験したかった、苦行のアトラクションの一つだったのです。自分で選んだオプショナル旅行です。

今日も笑いながら、感謝しながら生活を楽しみましょう。
これが、もっともお「徳」な生き方なのです。

5 死ぬ時期は、神様にお任せの聖域

人間は死ぬ時を、自分で選べない存在です。完全なお任せなのです。

考えて観ますと、

■人間が死ぬ時間は天にお任せ。

■人の死とは、自分のものではなくて、神様のものだった。

■死とは、崇高な神様の聖域。

とまさに言えます。

多くの人は、自分の死は自分に決める権利があると思いがちですが、これはやはり人間の思い上がりだと感じます。人間は、人の死、自他の死を決めてはいけないのです。

だから、殺人、自殺……という不幸な死は、神罰の対象になります。

特に自殺が内在神を殺すという大罪であるのは、その魂の死後の様相を視ても間違いがないです。自殺の動機の苦悩・苦渋が、その時点のままで凍結して持続した「まま」の阿鼻叫喚《あびきょうかん》の状態に、自殺者の魂はいます。

生きてさえいれば、すべての状況は必ず変化したのです。どんな苦痛も絶対に変わっていくのに、です。

これを救い出すのは、生きている縁者から感謝される供養しかありません。自殺者でありましても、この世の人から感謝されることは、あの世では魂にそれを受ける人徳があった、良い面があったと評価されるからです。

しかし死後に、感謝される供養を受けられる縁を持つ自殺者の魂とは非常に少ないです。だから、やはりその魂が持つ縁だと言えます。

逆に言えば、感謝の先祖供養をする生きている人間とは、なんと貴重な存在でしょうか。あの世の縁者の希望となっています。

内在神は決して死にはしませんが、その宿る人間が自殺すれば、傷つけることになります。

また、生まれる前に自分で欲をかいて無理に設定したこの人生での様々な挑戦を、自ら破棄した大罪にもなります。これは霊界への反逆行為となります。

あの世に戻れば、「それでも良いから」「挑戦させて欲しい」と自分が産土神《うぶすながみ》（内在神）に誓ったことを思い出して、激しく後悔します。


「すべて自分が原因じゃないか」ということを、あの世に戻れば真から思い知ります。

この時に、赤子の時の自分にミルクを与える母親の姿や、周囲の家族の思いや苦労を走馬灯のように3D映像で見せられます。

苦しいのは自分だけ、と思い込んでいたのが実は大間違いであり、誰もが懸命に生きていたことを、あの世で思い知ります。でも、それではもう遅いのです。


このような話を聞く縁を持てるか否《いな》か？　さらには、それを信じるか否か？

すべては自分の生き方が反映します。自分が作った縁としか言いようがありません。

だから、すべては完璧な自業自得です。

人間は誕生についてはある程度の操作・計画が可能ですが、死については強制ではない限り、最期の最後までわかりません。

これはある医師も発言していました。医学的なデータではダメだと思っていても、なぜか急に回復する患者。大丈夫だと思っていても、まったく別の要因での急死。別の医師は、人の死ぬ瞬間は「決まっていた」としか思えないとの感想でした。

でもこれは、その患者の生き方が反映して作られた今生での縁なのが霊的な真相です。つまり死ぬギリギリまでの善行により、死ぬ瞬間は変わるものなのです。

死とは、自分の生き方が反映する縁の集積です。

まさに、神様にお任せ、神様に降参して、自分にもたらされます。

自分の良心に反した生き方をしない限り、その人に最善の幸福な死の瞬間が訪れることでしょう。

6 死ぬ直前の心の状態が大事

人生における悩みのほとんどは、時間経過が解決してくれます。これは、この厳しい現実界で私たちが生きて行くために、神様が私たちにくれた贈り物です。自分なりの最善を尽くして生きてさえいれば、自殺まで思い詰めるような苦しい問題でも、後年に思い出して、結果は別としても「あの時は良くやったなあ」と懐かしむ時が必ず来ます。

ところが、この現実界以外の世界では、時間経過が異常に遅いのです。この現実界で、苦しみから逃れようと自殺する人がいますが、これは大きな間違いです。

自殺する直前の、肉体的な激痛と精神的苦痛のままの状態が長い期間継続します。これは、たまりません。しかも、肉体を失くしているために、生前よりも感覚が敏感になり苦痛が十倍以上に増幅されます。

自殺する前は、死んでからも家族には絶対に迷惑をかけまいと誓っていてもムダです。あまりの苦しさに、身近な子孫にすがり憑《つ》きます。このような苦しい波動を出す霊がいますと、子孫も同じような精神状態になります。

人間は、死ぬ五十日前から直前までの、精神状態が大変重要です。この、死ぬ前の五十日間を安らかな心で過ごせるようになれるために、長い人生を経験しているのかも知れません。

一番重要なのは、死ぬ直前の心の状態です。そして死んだ後は、四十九日間の反省の期間が存在します。死を挟んだ前後の合計百日間が、人には大切なのです。

人間の運命は変わります。

努力により、良くも変えられるし、悪くもできます。

どんな環境にあっても普段から、「自分は生かされている」と認識し、現状への感謝想起をしながら、この娑婆世界《しゃばせかい》を旅して行きますと、紆余曲折《うよきょくせつ》があろうとも最後のイヨイヨの死ぬ間際は、今までの感謝想起の蓄積により、肉体的苦痛には脳内麻薬が産出されて楽になり、心は感謝に満たされた状態になります。

この状態で死ぬことは、「類は友を呼ぶ」の法則により、同じような感謝に満たされた世界へと引き寄せられます。これは大往生、間違いなしです。

今、この現実界の時間経過が加速し始めています。過去にないことが始まっています。これからは、どんな悩みもすぐに変わっていき、大したことはありません。

7 自殺をすれば、もっと苦しくなります

気温差が大きくなる季節の変わり目は、「死にたい」と簡単に思う人が、ホルモンバランスの意味でも増えるものです。注意が必要です。

でも、本当に自殺をした人の全員が、必ず後悔をしています。
なぜ、そう言えるかの理由は、自殺を図って臨死状態から蘇生《そせい》した人の証言が世界中にあるからです。

その証言に、

- **自殺をすれば、すべてが終わる、解放されると思っていた。**

ところが、自殺を図った瞬間のコンマ数秒間に、

- この世のどんな苦痛よりも激しい後悔の念に包まれた。
- **死んでも、今の心の苦痛が継続することが瞬間的にわかった。**

■倒れている自分を、その上から眺めている冷静な自分がそこにいた。

以上は幸いにも蘇生した人の証言ですが、自殺をする最大の目的である、「自殺をすれば無になり楽になる、解放される」という利益がまったくないのが、自殺の真相なのです。

では、本当に自殺をしてしまった人はどうなるのでしょうか？

私が観てきた世界観では、自殺をした心（魂）の苦痛とは、霊体の顔が歪《ゆが》むほどです。その苦痛は、この世のどんな苦痛よりも激しいものです。

肉体を失くして、鋭敏な神経のカタマリの心だけに強制的に戻るために、この世のどんな苦痛よりも十倍以上の苦痛を感じる状態に、「**自殺の場合**」はなってしまいます。

老衰や病気で自然に亡くなる場合は、死を迎えるための「移行期間」「順応期間」を経験していることになります。この過程を経ることで、死の苦痛は起こりません。さらには、本当の解放感、深遠なる幸福感を死ぬ時に感じられる人が大半です。

だから今、病気の苦痛で苦しむ人がおられても、それは大丈夫であり、**「決してムダな苦痛ではない」**のです。

つまり、自然死に向かう過程は、どんな苦痛も、恥ずかしいことも、大切な過程なのです。ちゃんと意味のある自然現象なのです。

交通事故などの望まない急死の場合は、**自分の意思が選択したことではないので、**死ぬ時の心の苦痛は起こりません。

自分の意思が選択してしまった自殺の理由には、借金、失恋、人間関係、就職の失敗、家庭内暴力、病気の苦痛……、様々な理由があることでしょう。

でも、自殺をした後の苦痛に比べれば、「それは何でもなかった」「思い出と言えるレベル」なのが実際です。

だから、自殺をすれば本当の大損です。しかも、来生は、今生よりもさらに厳しい生活条件での「強制転生」が起こります。

これほどの苦痛は本当に他にないです。「もう止めて〜〜！」と思っても、輪廻《りんね》（生まれ変わり）の車輪は決して止まりません。

苦労人のマムシのような戦国大名だった斎藤道三が、義理の息子であった若き織田信長が自殺をするような戦《いくさ》をしようとした時に、

「犬になって生きろ。恥が何だと言うのだ」

と諭《さと》したテレビドラマのシーンを思い出しますが、これは誰にも言えることです。

❖どうしても避けることができない嫌なことは「それも仕方がない」で静観しましょう。

❖ダメなことは、ダメで良いのです。

❖何が何でも、などは不要なことです。

❖「死にたい」よりも、「ただ在るがまま」でいましょう。

❖生きていれば、すべての場面は必ず変わっていきます。

❖慌《あわ》てない、慌てない。ひと休み。ひと休み。

このような思い方も、参考になれば幸いです。

季節の変わり目の不安定な季節を、淡々と過ごしましょう。

8 早とちりで死ぬな！

社会を観ていますと、自《みずか》ら死を急ぐ人が多いです。中には、他人を無理に巻き込んで死ぬ輩《やから》もいます。

すべてを観て知っている天には、どんな言い訳も通じません。本人が主張する言い訳も、天はよく観てわかっています。

でも、この世では、間違ったことも、その魂の自由が優先されて実行されてしまいます。自業自得の因果の法則を崩さないためにです。

あの世で、「静寂と慈悲の視線の存在」から黙って見つめ続けられますと、自ら死を選んだ者は十分ももたずに泣き始めることでしょう。**どんな言い訳も、「自分だけ」のことを考えた間違いだった**ことをあの世で思い知ります。

病気を悲観して自殺する人もいますが、「治らない」という思い込みに要注意です。

■そのままいれば、加齢からのホルモンバランスの変化により、病気の進行が止まる可能性もある。
■遺伝子治療などで、画期的な治療法が見つかる可能性もある。
■病気に罹《かか》るということは、逆の、回復も十分に起こり得ること。

未来は白紙なのです。生きてさえいれば、先に何が起こるのかは未知なのです。残念なことに、私の主観では、まだまだ寿命がある人なのに、自ら死を選ぶ人が多いです。
それは完全な早とちりです。

その死を選ぶ理由には、
■予想される苦痛を体験したくないから。
■多くの同病患者がたどる、醜態をさらしたくないから。
■どうせ、このまま良くなることはないから。
■家族に、これ以上の迷惑をかけたくないから。
などなどの、**「本当にそうなる前の」事前の予防策、**自分なりの抵抗策から死を選ぶ人がいます。でも、霊的な真実では、これは完全なる間違いです。

本当に苦痛を体験し続けてからでも遅くない。本当に醜態をさらせば良いではないですか。これが意味のある、因果の昇華（消化）にもなるのです。

これを体験せずに逃げても、来生に持ち越して、また同じ体験を何回でもすることになるのが因果の法則です。宇宙の物理法則として、崩れることはないです。

因果を終わらせるには、本当に体験をしてみること。

醜態をさらすことにも意味があるのです。

でも、このように言いましても、実際に体験する過程で、先祖霊と神様の恩寵《おんちょう》（プレゼント）も、医療も、家族の援助も、自分の努力も働いて、

■予想とは、変わっていくものである。

■実際は、大したことではなかった。

■すべては変化し続けるのです。

それを途中で死を選ぶのは、未体験、未消化のために、余計に来生に継続のリピート再生を起こすだけです。

本当に、その懸念（心配）を、体験してみろよ。

この覚悟を自分が持てれば、実際には予想とは違う展開になって救いもあるのが、この世なのです。すべてに意味があります。

全身ガンでありながら、死の直前まで女優の仕事をした御方もいます。

ある医師の話では、九十歳の全身ガンの患者が、自転車でニコニコしながら通院して来るそうです。痛みがないという不思議が、加齢から起こり得るのです。でも、レントゲンを撮ればガンが全身に広がっていて、今の医学では説明がつかないそうです。

事前の、予想の、心配だけで自ら死ぬな！
本当に体験してみろよ！
実際には、すべては変わっていくから心配するな！

9 自分の価値観が変わるだけで、すべてが変わっていくこと

物理学者・アインシュタインの名言に、

「人の価値とは、その人が勝ち得たものではなく、その人が他に与えたもので測られる。」

釈尊の発言では、

「人の価値とは、生まれや身分によるものではなく、清らかなおこないによって決まる。」

これと似たことを、日本の政治家や事業家が発言しています。

「三流は金を遺《のこ》す、二流は事業を遺す、一流は人を遺す。」

この発想の元は、古代中国の哲学者・孔子《こうし》の言葉が起源のようです。

どの言葉も、神界、霊界、あの世での「価値観」を表現したものに感じます。あの世

では、前記のような内容が、非常に価値が高いのです。誰もが憧れ、それを自分もしたかった、という内容であり、そういう価値観に誰もが変わります。

この世では、多くの人が金銭欲や性欲を満たしたいと内心では願いますが、逆にあの世では誰もが「そういう類《たぐい》のこと」に重要な価値があると思わなくなり、嫌悪感を持つように変わる不思議が起こります。

❖誰もが欲しがる欲望の種類と内容が変わること。

これが死後の自分に起こっていくこと。自分の心に高まっていく内容だと覚えておいてください。

そうなりますと、価値観の変化とは、死者の心に大きな変化と、故人によっては激しい動揺と後悔を引き起こします。

例えば、もしカネの問題で自殺したとします。でも、死後の世界の価値観では、カネの価値はまったくないし、むしろ嫌悪されるものなのです。

そうしますと、「あれ？　私はゴミ（カネ）のために自殺したの？」

と、その愚かさに、ムダさに、唖然とする魂が多いのです。

むしろあの世から見れば、この世で貧乏でも喜んで暮らすことが、非常に価値が高く見えます。輝いて見えるのです。

「な〜〜んだ、何も早まることはなかったんだ」

「ダメなことは、ダメで良かったんだ」

「自分に無いモノで、悩むことはムダだった」

と、死んでからわかる人が多いです。


もし、今の自分に不満や、心配があるならば、
■その価値観は、本当に正しいのか？
■将来に変わるのではないか？
という視点を思い出して欲しいのです。

人が美味《おい》しいと思う味覚も怪しいものです。他の人には、不味《まず》いかも知れません。

死後に、自分の価値観が変わる可能性に、生きている間に気づいていただければ幸い

です。この想定をするだけで、生き方や、他人への態度が変わり始めます。

自分の今の価値観は、良心に沿っているものなのか？

たまには、思い出して欲しいものです。

第四章

残された人たちへ――故人からの想い

1 魂は生き通《とお》しです

人間は生・老・病・死を避けることができません。従って、好きな人たちとの死別も避けることができません。

仕方がないことだとわかっていながらも、いざ愛する人との死別に直面しますと、深い動揺が消えません。どうにかして死んだ人と再会し、話をしたくなります。

しかし現実界では許されないことです。

では、故人は、生きている家族に会いたがっているのでしょうか?

これを太陽信仰の見地から考えてみます。

古代人は、太陽の動きに人の魂の行く末も見ていました。朝に太陽が生まれ、夕刻に死ぬ。死んだ太陽は、違う世界（国）に再び朝日として生まれていると考えました。つまり、人がこの世で生まれて、そして死にますと、続けて違う世界の赤子として生まれ直していると感じとっていました。これは霊的な真実です。

人間は死にますと、その魂は自分自身の心境に応じた違う次元に行きます。これを、違う次元に再び生まれたとも言えます。

つまり、新しい次元に移行したばかりの時は、慣れるまで自由が利かず、赤ちゃんのようなものです。亡くなったばかりの魂は、順応するのが精一杯なのです。現実界で別れた愛しい人々のことを、思い出す余裕がまだありません。

段々と亡くなった魂が落ち着いてきますと、次に起こることに、その魂が生前に会いたかった亡くなった親や伴侶《はんりょ》などとの再会があります。ただし、会いに来られる先輩の魂は、自身があの世で安定した世界にいる魂ばかりです。

自分の魂の次元よりも下の世界にいて、まだ不安定な状態にいる先輩は向こうから会いに来ることができません。自分の魂がより落ち着いて動けるようになりますと、下の次元にいる先に亡くなっている故人たちの世界へ、自分から会いに下りて行くことは、少ないですが可能ではあります。

亡くなった人の魂が、すぐに現実界の私たちにコンタクトをしてくれないのは、あの世ではまだ右も左もわからない赤ちゃんだからです。

魂が霊界で落ち着くには、時間が必要です。これには魂の個人差があります。覚醒した魂は、肉体を失っても初めから自由自在に動けます。一般的には、死後三年を過ぎますと、夢に現れたりすることは可能です。しかし、これは霊界での魂の落ち着き具合次第です。

もし生きている人間が、故人との再会をしたいがために、強い悲しみの磁気を故人に送っていますと、故人は霊界で落ち着くことができません。つまり赤ちゃんの成長が止まるのです。故人の霊界での成長を引き止めることになります。

故人の魂が、この世にいる自分の子どもなどに執着し、現実界から霊界への移行さえも躊躇《ちゅうちょ》してしまうことがあります。本当に後ろ髪を引かれてしまうのです。

人間は、死後はあっさりと生前の自分の名前すら捨て去り、現実界でのすべてを脱ぎ捨てますと、あの世での成長が早まります。

そして自由になり、現実界での今回の旅の意味と成果を知ることになります。その時に本人の魂がとる形象《けいしょう》は、生前の自身が一番好きだった年代の姿です。

亡くなった故人と夢でも良いから本当に再会したければ、故人へひたすら感謝の磁気を送ることです。悲しみや心の辛さを送ってはダメです。余計に再会が遅れます。

大事なことは、故人に会いたいがために自殺をしてしまいますと、未来永劫に会えない可能性があります。またこの世での生活や生き方が、故人に心配させるようなものならば、やはり愛するが故《ゆえ》に心配になり、故人の魂の成長が止まります。

愛しい故人に会いたければ、自分自身が今生を生き切り、故人の逝かれた霊的世界以上の所へ行けるようにがんばることと、自分が生きている間は故人へ感謝磁気を送り続けることが大切なのです。

2 深い悲しみの話

子どもを亡くした親の悲しみの気持ちは深いです。

この悲しみは、何をどうしたところで静まらないでしょう。逆に静めようと思わないで、これからも心の中で共に生きていこうと覚悟をすればよいです。


生まれれば、死ぬ。

この絶対に変えることのできない流れを、私たちは悲しみます。このことの何が悲しいのかを考えてみますと、故人に「もっと楽しんで欲しかった」という思いが根底にあります。

だから、百歳を過ぎてから眠るように笑顔で亡くなった、大好きな親族の死は、決して悲しいものではないです。「ああ、これで良かったたな」と若い子孫は、見送る役目を一つ終えた達成感に満たされます。

つまり私たちは、故人が色々なことを経験できなかったことを深く悲しみます。他人の死に対しては本能でこの一つの真理を感じて、知らずに私たちは泣きます。

しかし、自分の人生については、どうなのでしょうか？

色々な経験をすることを、逆に恐れてはいないでしょうか？

他人に対しては深く泣ける「人生を途中で終わること」が、生きている最中の自分には、その価値がわかっていないのです。むしろ失敗することなどを恐れて苦痛に思い、占いなどに逃げて未経験のまま時が過ぎてしまう人が多いです。

人間はどんな境遇でも、その中でも楽しみを見つけることができます。牢獄の中でさえも、必ず感謝すべきことがあります。

自分が生かされているという原点まで、自分から下りて行きましょう。

隣にいる嫌味な人と会うことも、有限な一時のことに過ぎません。すべては経験するための貴重な物事です。生きている間は大いに色々な経験をして、苦労も逆に楽しんでやりましょう。

神様は、「人間には死は無い」と示します。

「そこには、旅があるだけだ」とします。

色々な旅をしながら経験を「楽しむ」のが、人生の目的の一つです。

これは人が持つ神性です。私たち全員が、神様を心に宿しています。これからますます人が持つ神性が発露していく時代です。

心に闇を抱《かか》えている限り、自分で自分を過剰に苦しめますから注意をしましょう。

本当に深刻なことは何もありません。

3 すべてが共に生きています

この世で生きていますと、避けることができないのが、縁ある人の死です。大切な人を亡くしますと、それは非常に悲しいです。自分もいつかは死ぬということを忘れているから、悲しいのかも知れません。

自分も必ず、時が経てば同様に死ぬわけです。でも、他人の死を悲しみます。それは、死そのものよりも「もう会えない」と思うことが悲しいのでしょう。

しかし、霊的な真相は、縁ある死者と会えないどころか、その死者を「覚えている」「気になる」間は、今も一緒に生きているのです。

私の知人は日本酒が嫌いだったのですが、父親が亡くなってから日本酒を自然と飲みたくなって、酒をたしなむことを始めました。これは、父親がたまに来て、好きだった日本酒を知人と共に飲んでいるのがわかります。

このように私たちは、先祖の〝思い〟と共に生きるものなのです。これは遺伝子と家系の霊線でつながる、共有ネットワークの中で肉体を授かった宿命として、嫌でも先祖とはつながっているからです。これは、親から生まれる人類が持つ宿命です。

特に既婚女性の場合は、自分の実家と婚家《こんか》を結ぶ霊的な役割もしています。

そして子どもが生まれれば、両家の遺伝子の結晶体とも言えます。

自分が、その死者を思い出して悲しい間は、その死者も同様に悲しんでいます。故人と共に生きる宿命です。

自分自身が死者のことを明るく思い出すようになれますと、その故人も落ち着いたと思っても良いです。

これは感謝の先祖供養をしていますと、良くわかる経過の推移です。最初は、供養をしても心配をするものです。故人に供養が通じているのか？　苦しんではいないか？などと思います。このように思う間は、まだ供養が必要な縁ある霊がおられます。

しかし、感謝供養を重ねていきますと、段々と安心感を覚えだします。供養が通じているか？　故人は大丈夫か？　という心配心が起こらないのです。明るく、淡々と先祖供養ができるようになります。

故人が成仏しますと、故人の嫌な思い出や故人への心配心よりも、故人への感謝の思いが勝《まさ》るようになります。そのように思えるのは、その故人が良い世界に行けたサインと言えます。

辛さのあまり、無理に故人のことを忘れようとする必要はありません。自分が故人の分まで「一緒に楽しもう」と生きることが、亡くなられた故人への何よりの供養となります。

故人の好物を楽しく食べたりするのも、故人への供養となります。

故人にとっては、縁ある生きている人が悲しみ心配する様を、あの世から見ることほど辛いことはないのです。この世では、子孫が故人を心配して悲しみ、あの世では故人が子孫を見て悲しむことになります。まさに合わせ鏡の如《ごと》く一体です。

昔から言われますように、「故人の分まで、今を懸命に生きる」とは本当のことなのです。

魂は、最終的には全員が、根源の生みの親である一つなる太陽神（天照太御神）の元へと帰ります。その時は、個人の個性は消えています。心配も好みも思いも、すべてが「感謝の思い」一つに収束されています。

だから誰もが、最終的には絶対安心がすでに約束されているのです。
安心して今生を、オロオロとしながらでもがんばりましょう。

4 子育ては継続します

いつの世でも、幼い我が子との死別ほど辛いものはないです。やはり、もっと色々なことを子どもに体験させてあげたかった、共に経験したかった、という思いが残るものです。

でも、生きていれば、それはそれで学校や健康問題、交友関係、子どもの先行きを心配して、子ども以上に親が悩んでいるものです。

結局、人の死とは、死んだ本人以上に周囲の生きている人間の学びの経験の要素が強いのです。

人間とは、自分「だけ」のために生きていますと、必ず行き詰まるものです。家族を生かしたい、従業員や縁ある人を生かしたい、と自分の良心が思うからがんばれる要素を持つ生き物です。

では、もし生きがいとしていた子どもを亡くしたならば、どうすればよいのでしょうか？

自分が生きる限り、子どもを供養する覚悟を持てば良いです。子どもの魂も永遠不滅な存在ですから、供養していけば必ずあの世で育ちます。

子どもが亡くなっても、感謝の供養によるあの世での子育てという供養の義務が、親にはあると私は感じます。

ここで大切なのは、亡くなった子どもの霊だけではなく、子どもの世話をしていただくために先祖全体への感謝の供養です。

今は薄れてきていますが、昭和の時代には現実界と霊界の間に中幽界《ちゅうゆうかい》という次元があり、その世界では近代的な病院から保育所、温泉の保養所などの、肉体を離れた魂が休息する世界がリアルにありました。

今はしませんが、昭和時代には、私に縁ある知人の子どもが亡くなりますと、私の霊格の波動をあえて落として中幽界にアクセスをしました。

そして、死んだ子どもが赤子ならば、中幽界の託児所にいる先生と、赤子と縁ある先祖霊の二名を呼び出したものです。託児所の大半の先生は女性であり、日本人ならば苗字ではなく下の名前だけを名乗っていました。何人も先生はいましたが、今でもサユリ先生と名乗る霊体は顔まで覚えています。

最初に先祖霊に赤子の魂を預け、先祖霊からその先生に赤子の魂を預ける意思を伝えてもらうのです。これで、赤子の身元引受人の先祖と、霊体が安定するまで赤子を預かる託児所との関係が成立します。この世での親と託児所との関係と同じです。先生は「ああ、こんな所にいたのね」と、先祖霊から赤子の魂を優しく受け取っていかれます。

これは、親御さんに頼まれてしたことではありません。しかし、このような私の脳内の理《ことわり》の手順（これが結びの働き）を踏むだけで、何も知らない親御さんは翌日から何か心境が改善したと言ったものです。

今の時代では、このような幽界を触る行為は一切不要です。むしろ厳禁です。

今でも霊媒《れいばい》という仲介者を使う、幽界につながる供養をすると自称する有料先生がいますが、これは百パーセント魔道に変わっています。あの世の変化も知らない無知な証拠です。

私のリーディングでは、太古は、神界と現実界の二つしかありませんでした。霊界でさえも、後世に発生した次元です。

人類発生の初期には、人は死ぬと神界へ直接に帰り、時間が経ちますと、神界から現実界に再び転生する循環を繰り返していたのです。ところが現実界に、自分さえ良ければ良いという我良《われよ》しの欲望が出てきてから、人は神様とは通じなくなりました（聖書でいうアダムとイヴの頃です）。

死んでも神界へ直接帰れなくなり、神界と現実界の間に、魂が停留したようです。この停留空間が、霊界や幽界になりました。

しかし今は、永く続いた多次元世界は縮小・消滅に向かっています。神界と現実界の二つしかなかった原点への回帰の途上なのです。

先祖全体への供養をしていれば、亡くなった縁者は必ず救われていきます。それほど、神様と先祖と生きている人との間の距離が縮小しているからです。

自分自身で感謝を「与える」先祖供養とは、先祖霊や縁ある故人を癒やし救い、自分も与える行為の反射を受けて「救われる」原理なのです。

神様は、自ら「感謝をする」ことで「対象を生み出す」存在です。神様は、他から感謝をされるから、与えてくれるのではないのです。

私たちも、見えない先祖の御蔭、この世でも「陰で働く人々」の御蔭で「生かされて」います。だから、せめて感謝の気持ちぐらいはドンドン他者に与えていきましょう。感謝の先祖供養が継続できる人は大丈夫です。我良しの人は、先祖供養も継続しません。自分のために生きているからです。

良い気持ちは、他人にいくら配っても尽きることはなく、逆に自分が何かを「与えられ」ます。これは絶対の理《ことわり》の真理なのです。

5 明るく生きる姿を故人に見せることが、最高の供養となる

近年、大きな災害が相次いで起こっています。

亡くなられた多くの方々のご冥福をお祈りいたします。

今も多くの方々が、亡くなられた家族の思い出と共に生きています。残された家族を生かし支えているのは、故人たちとの「思い出」であり、故人たちからの「希望」かも知れません。

自分たちが生きることができなかった代わりに、せめて助かった家族たちが、生き残った縁者たちが、元気に生きて欲しいという切なる故人の思いが、草葉の陰から送られていると感じます。

実際には、今はあの世の故人たちのほうが笑顔であり、悲しみながら生きる家族を心

配して見ているかも知れません。逆なのです。私は、そう感じます。

大自然の災害で亡くなるということは、普通の個人の死とは意味が違い、今生の死に関しては、

❖個人の功罪の因果を飛び越えて、

❖神様が引き取る。

という大恩寵《おんちょう》（神様からの大きなプレゼント）が死後に働きます。人生の途中で、強制的に大自然により絶たれた命への特別措置が、あの世で働きます。

本来ならば地獄に落ちたはずの魂も含めて、すべての魂が痛みのない霊界に置かれ、一定期間の後に、

❖早めの転生《てんせい》（生まれ変わり）か、

❖善徳の多い魂は、上位の霊界へと安住される。

と感じます。

実は、この世のほうが苦しい世界かも知れません。自殺（内在神殺し）は地獄へ行きますが、真面目に生きて亡くなった人、大自然の災害で強制的に引き取られた人は、霊界に戻ることができます。

人生は短いものです。その死後に必ず霊界に行けることは、これは貴重なことなのです。

誰もが死後は、自分の人生の総決算を受けることになります。

あの世のことが自分自身で何となくわかり始めるほど、垣間《かいま》見るほど、悪人を見ても責める気持ちが失《う》せていくものです。その死後の行き先を決める、完全なる総決算があることを、自分で確信しているからです。悪人に、わざわざ自分が嫌なことを言う必要もなく、気の毒で可哀想な人だなという感想を持つようになります。

これからも、先に亡くなられた故人たちが私たちを心配しなくても良いように、故人のためにも明るく生きましょう。

それが、故人たちへの最高の供養になるのです。

6 愛する故人たちと今を生きること

人生には、大切な家族や愛するペットとの死別があるものです。愛する人と死別すると想像するだけでも、自分も死んでしまいたくなると言う人もいます。

でも、自分が本当にその人やペットを愛していたならば、「自分も死ぬ」のではなくて、「その相手を供養するために、自分が生きる。生きなければいけない」という発想の転換が大切です。

故人やペットを誰が供養するのか?「それができるのは自分しかいない」と思うことが、亡くなった存在に対する正しい態度だと感じます。

霊的にも、故人を追いかけて、もし自分が自殺をしてしまいますと、会える可能性はゼロになります。死後の行き先が、まったく別次元だからです。

でも自分が、与えられた命を最後まで通常通りに生き切れば、先に亡くなった「最後まで生き切った故人たち」と普通に会えると思って大丈夫です。

では、どうしても自殺をした故人と自分が会いたいと思うならば、その方法はないのでしょうか？

方法は、あります。自分が生きている間に、自殺をした故人を供養していくことで、故人の状況も変化を起こします。これにより、再会の芽が生じます。

しかし、自分が本当に人生を正しく生き切った場合、あの世に行きますと、自殺した故人と会いたいという気持ちが消えているのが大半なのです。

その理由は、死後に魂の視野が広がり、様々な正しく生きた故人や先祖たちとも再会し、あの世では過去生も含めた色々なことを、自分が思い出すからです。

そして、会いたかった自殺をした故人の、自分が知らなかった陰の部分や、様々な事情も、あの世ではわかってしまうからです。

自分の魂が公平な視点をあの世で取り戻した時に、自殺をした故人については、「仕方がない」「また生まれ出た時は会いたい」という前向きな気持ちになれます。

自分が生きている間に、故人たちを供養するということは、故人たちと一緒に生きていることになります。

これが大切なことなのです。故人を本当に愛していたならば、「自分も早く死にたい」ではなくて、「少しでも長生きをして長く故人を供養したい」という発想の転換をして欲しいのです。

あるご夫婦が、夫の生前は喧嘩ばかりしていたそうです。ところが夫が病気で死んだ後に、奥さんはもう会話も喧嘩もできない夫の供養をしていくにつれて、

▪自分だけの本当の夫になった。
▪初めて、夫婦だという実感がした。

このような感想を漏らされました。

供養＝共に生きること。

まさに「正しい」供養の実践で、これが起こったということです。

だから、これが夫婦だけではなくて、親子関係でも言えますし、恋人同士でも、ペットでも、自分が供養をすることで、亡くなった存在たちと今を生きることになります。

どんな悲しい死別でも大丈夫です。

魂は、死ぬことができないからです。

もし死別しても、魂にはまだまだ続きがあると思って、今を明るく生きましょう。

以上は、私の記憶に残る死生観です。

皆さんなりの、解釈をしていただければ幸いです。

7 誰もが明日を創るために派遣されています

死ねば、誰もが思い出の中で生きます。

故人は、あの世では今生の善悪の「思い出」を、繰り返し再体験しながら生きます。だから、自分の良心（神様）に反する思い出が多ければ、死後は面白くないのです。

これを書き換えるには、この世に生まれ出るしかないわけです。そうして皆さんは、「今度こそ」という思いで、「この世に」生まれました。


生きている人からの、故人への供養の本質とは、故人を「忘れない」ことです。そのために、様々な供養手段があるだけなのです。故人にも、あの世にも、重要なのは「思い出」と言えます。

ところが、生きている最中は、済んだ思い出にも、過去にも生きないほうが良いのです。生きている人は、過去よりも、今に生きるべきなのです。

死ねば、思い出と、過去の記憶の中に生きるようになります。

生きている最中は、過去に住んではいけません。

生きている人が、過去に住めば、運気は落ちます。寿命にも影響します。


この違いを知っておいて欲しいのです。亀を助けた浦島太郎の民話も、このことを示《し》唆《さ》しています。

「助けた亀が連れて行ってくれた深海（神界）の龍宮城は楽しかったなあ。また行きたいなあ。そうだ、お土産《みやげ》のこの箱を開ければ、過去の、あの時の龍宮城に戻れるかも知れない！」

でも、実際に玉手箱を開ければ、一気に老化（死に近づく）してしまいました。

以上からわかりますことは、
❖生きている最中は、過ぎた過去に住まずに、未来志向で生きなければならない宿命。
❖死ねば、済んだ記憶の中でしか生きられない宿命。

つまり今に生きている私たちは、明日を創るために、未来を出現させるために、天から派遣されているのが真相です。

済んでしまった過去の恋愛や、喜怒哀楽、故人との別離の中に、今も住む人が多いです。過去に住む間は、今がおろそかになっていくものです。そのままでは未来にも、良くはありません。

生きている自分は、故人たちのためにも、未来を出現させるために、生きていることを知って欲しいものです。

故人を供養できるのは、また自殺者を楽にして救うことができるのは、生きている「故人に縁ある人」だけなのです。

金銭で他人が代行できることではありません。それができると言う人は、天に背く商売をしていることになり、その死後は怖いことです。

伝統仏教以外で、そういう金銭で他人が代行するという供養は、あの世の故人を縛るような、排除するような、火で燃やすような無知で恐ろしい供養が多いです。これは、生きている子孫にも故人にも良いことがありません。

縁者が思いやりの心から、故人に感謝を捧げる供養とは、天地の差があります。

最新の科学では、この世が「量子力学《りょうしりきがく》」（多数が一つの現象を気にすることで、粒子の動きが変わり、検査結果のデータが変わる物理現象）により出現している可能性が、年々深まっています。

このことは前記の、今に生きている私たちは明日を創るために、未来を出現させるために、天から派遣されていることと一致します。

だから私たちは、日本から、世界と地球の未来を、大いに気にしていきましょう。

生きている今は、故人たちを忘れないで、でも、済んだ過去の出来事はキレイに忘れて、今と、明日の中で生きましょう。これの継続は、最善の未来を出現させます。

ただし、大自然、地球への感謝も、忘れないことが大切です。

8 天国からの通信

故人からの電話やメールが来るという怪は、昔からあります。東日本大震災の後にも、何件も発生しています。

■東日本大震災の後に、契約解除した故人の電話番号からの着信履歴があった。故人のメールアドレスから本文空白のメールが来た。使用停止になった電話番号の再販売は、数年間はないにも関わらず。

■早くに亡くなった母の誕生日に、母を思いながら御線香をあげていたら、どこかから電話の鳴る音が聞こえてきた。昔のダイヤル式電話のような古い機種の音だった。

■消防署に、古いボロボロの無人の廃屋から、深夜に「助けて！」という電話が定期的にかかってくる。先輩が「またか」と言って、無視で良いからと新人に言ったとか。その電話番号は、昔にその廃屋の住所で登録されていたが、今は使用されていないことが調査で判明している。


なぜ、こういう現象が可能なのでしょうか？

霊体＝磁気のカタマリであり、その思いは電気的にも干渉が可能だからだと感じます。


誰もが死ねば、生きている人に伝えたいことが無数にあります。

想像をしてください。自分が急に死んでしまった、自宅にはもう二度と帰れなくなった、家族に会えなくなった、と想像してください。

銀行のこと、暗証番号のこと、カギの場所、家族が知らない保険のことなど、家族に伝えたいことがあることでしょう。また、家族に「ありがとう」とか、「愛している」とか、一言だけでも言いたいものです。


バルドォ以後に故人が安定してから、霊界では「一度だけ」何らかの方法で、家族に意思を伝えることが許可されることが、稀《まれ》にあります。許可されないのが普通ですが。

これも、故人の善徳貯金の有無で変わります。

でも、どうして霊界側は、故人と生きている人の間をそこまで断絶させたがるのでしょうか？

これには意味があります。

天の意志は、「**わからない中を、生きてください**」ということなのです。

私たちは、先が見えない世界で、死後の有無が不明で不安な中を、

「どう生きる魂なのか？」

「その本性は何か？」

を試されている最中なのです。

利益しか追わない人、我良《われよ》しの人、他人を蹴落としても平気な人などは、先がわからない中に置かれることで、その本性があぶり出されていく仕組みです。

こういう法則の目的で、この世界が創造されています。

昔の人が言った、「若い時の苦労は買ってでもせよ」。

これは一般的には、若いうちに面倒なことでも嫌がらずにやり切れる癖をつけておけ

ば、その後の人生を助けることを意味します。

でも、それは表面的な意味であります。

因果の法則では、「生きていた時の苦労」「他人のために苦労したけれど報われなかったこと」は、死後にそのすべてがムダではなくて、善徳貯金になります。

死後にこれを知って、多くの故人が驚きます。

「なんだ、そういうルールか」

「では早く転生して、もっと苦労して、死後に上の世界に行きたい」と思う魂が多いのです。霊界以上の世界とは、そう思わせるほど、安心と安定と愛情に満ちた世界だからです。

だから、どんな厳しい環境でも、魂は生まれることを望んでいます。でも、生まれ出れば忘れてしまい、社会を呪っている人も多いです。死後に反省し、悔しがることでしょう。また、一からやり直しです。

これが輪廻転生《りんねてんせい》です。

今日も、不安な中を生ききましょう。

その中でも、微笑んで見せましょう。

誰もが、いつかは死ぬ存在です。でも、今のままの心境で、死後も心が継続するから大丈夫です。

「有露路《うろじ》（この世）より　無露路《むろじ》（あの世）へ帰る　一休み
雨降らば降れ　風吹かば吹け」
（一休宗純《いっきゅうそうじゅん》）

9 故人や亡くなったペットの写真について

生きている人間は、人の容姿にこだわります。これは生きる上でのエチケットとしては、ある程度は理解できます。

そして、亡くなった人の姿も、「生きている人間側が」いつまでも残そうとするものです。

これが意外にも、生まれ変わって行く魂の法則的に、「霊界での禁止事項」であることを知らない人が大半です。

故人の姿をいつまでも目に触れる所に残し続けることは、

- 故人の成仏（この世への未練がなくなること）を妨害します。
- 故人という霊的存在は、この世への未練の思いの残存量と比例して、肉体を持っていた時の痛みも継続します。

だから故人を安らかにするためには、

■**「常設での」**写真展示をしないことが理想。
■故人の命日などの記念日だけ、写真を飾ることは良いです。
■故人の写真や映像を保存しておくのは、問題はありません。

これは私だけの独自の概念ではなくて、原始仏教、ユダヤ教、キリスト教、イスラムの諸宗教でも、「偶像崇拝は禁忌《きんき》」とされており、特に神様を可視化してはならない原則があります。

これは故人の霊であっても、同じなのです。あの世の法則だと思ってください。

生まれ変わりをしていく魂の本質として、「前の形を残す」「引きずる」ということは、
■生きている人間側が、故人への執着心でおこなう行為であること。
■故人は、過去の肉体を引きずるということは、生前の痛みも同様に引きずることになる法則。

生きている人間でも、過去に遭った事故を思い出すだけで、その時の痛みも思い出すものです。これと同様な現象が、故人にも起こります。

この世で成功した人が、生前に自分の像を作成して残すことがあります。でも、あの世へ行きますと、百パーセントの霊が作ったことを反省しています。

死んでみて、あの世で自我（ワレヨシの心。私が私がという思い）が薄まった自分の心から、この世に残る自分の偶像を見た時に、私は生前になんて恥ずかしい自我の主張をしていたのだろうか、穴があったら入りたい、見たくない、人生の汚点だった……という生きている時とは真逆の思いを故人は持ちます。

あの世で体験する厳正・公平・清浄な世界を垣間見ますと、**自分の偶像を残したかった思いが、非常に恥ずかしい思いであることが良くわかるのです。**

私が故人の写真の常設を反対するのは、故人のためなのです。

あの世に行こうとしても、自分が元気な時の姿を見ますと、辛く感じる心境の故人もいるからです。この世に残りたくなるのです。また、あの世の本人は早く忘れたい老いた姿を常に見られているのも、故人には辛いものです。

つまり、私たちが愛する故人の写真を飾るという行為は、故人にとっては、「できればやめて欲しい」ことなのです。

故人は肉体を失くしていますから、生きていた時の十倍の強さで感じる「生前の嫌なことも思い出す」切っかけにもなります。

これは可愛がっていた動物のペットでも同じです。

愛するペットの成仏を、写真の常設を続けることにより、飼い主の執着から引っ張って妨害します。無垢な動物は、転生サイクルが早いのです。いつまでもこの世に引き止めずに、気持ち良く次の転生の旅にペットを送り出すことが大切です。

同様に、故人やペットの遺骨を埋葬せずに、いつまでも自宅に置き続けることや、遺骨の一部を手元に置き続けることも、成仏の妨害となり、故人を苦しめることになります。

以上は、私のあの世での記憶の私見です。信じる必要はないですが、こういう可能性も知っておいていただければ幸いです。

❖常設を続けるか？　しまうか？　迷う写真は、まだそのまま現状維持で良いです。無理は不要です。

❖この内容は、自分自身の縁で読む人が知るべきことです。遺骨を自宅に置いていたり、故人やペットの写真を常設している家族や知人に言わないようにしましょう。それは嫌われますから。

第五章

死を意識して生きる

1　本当の自分に許されることが大切

京都大学教授カール・ベッカー氏（一九五一年〜。米国）は、臨死体験者の統計を、医療倫理、死生学、宗教倫理の視点から研究する学者です。

数十年にわたり世界中の臨死体験について、古代から現代に至るまで研究した結果、

（1）死後も人間の「意識が継続する」と考えたほうが、科学的であること。

（2）この世における「死」とは、一つの卒業式に過ぎず、生命という存在がたどる通過点に過ぎないこと。

（3）死後は、自分が他人に「与えた」ものを、今度は自分が「受け取って」体験する過程が存在すること。つまり、自分が生前に他人に苦痛や恐怖を与えれば、死後は逆に自分が同じことを体験すること。他人を助けていれば、死後に自分が助けられる経験を意識で実体験すること。

（4）そして、最終的には今回の人生を、あの世では自分の公平な良心が、自分を反省し、自分自身を裁き、行き先を判断すること。

以上のような臨死体験が、すべての人種・時代に共通して存在するとのことです。

この教授が言われることとは、私が持つ過去生の死後の記憶とほぼ一致します。どんなにこの世で成功しようが、自分の良心があの世で公平に判断するのです。もし他人を苦しめて得た成功ならば、あの世の自分の良心は絶対に許してくれません。

この世の自分は見ていない・知らない光景ですが、あの世では自分が苦しめた相手の生活も垣間《かいま》見せられます。

そのカメラの視点を振り返りますと、誰もがその頭上の右上から撮影され、記録されています。今も、です。

つまり、自分の良心（内在神）は、右胸に内在しながら同時に、頭上の二メートルぐらいの位置からも魂の緒のような見えない配線で接続されており、俯瞰《ふかん》（高い所から見下ろし眺めること）しているのです。

内在神とは、人類にたった一つの「共有する存在」ですから、今の自分には見えない他人の生活も、内在神においては共有データとして記録・保存されており、他人の意識（魂）にも見せられる現象が起こるのです。

どんなに貧乏で苦しい人生だったとしても、自分が他人に与えた・出した、善なる気持ち、愛情、感謝の気持ち、自分なりの善行への努力があったならば、あの世では本当の自分が自分自身を許します。

本当の自分に許された時、その意識（魂）は真からの安心感に包まれます。この世のどんな快楽よりもすごい、嬉しさと楽しさに包まれます。

また、この世で成功して裕福になり、自分の良心に一切恥じることがなく、他人への善行を実践した人間は、やはり素晴らしい特別な心境が待っています。

今の私たちは、「本当の自分に許される」ような生活をしたほうが、自分のためです。この世の人生は本当に短いですが、あの世での意識だけで過ごす期間は気が遠くなるぐらいに永いのです。

本当の自分に許されることは、「キリストの洗礼」を宗教を超えて意味します。誰もが、自分の心にいる神様に、許されるような生き方が大切です。

あの世で行くべき世界に行った時に、どんな世界に行っても誰もが後悔することがあります。

それは、

■この世でもっと、感謝の気持ちを持つべきだった。

■もっといっぱい善行をすることができたはずなのに、しなかった。

■本当の自分は、そんなものではない。もっと何かができたはずだ。

このような意味のことを、誰もが毎回、あの世に戻るたびに思います。

今生の私は、「今度こそ」という意識で燃えながら来ています。

皆さんも、まったく同じです。それぞれに「今度こそ生き切るぞ」と、誰もが誓って来ています。

今日も自分の生活を、「良心の視点」と共に思いっ切り生きましょう。

2 「どこまでも全力で、やってやるぞ！」

江戸時代の有名な俳人である松尾芭蕉《まつおばしょう》は、死に関して、

「やがて死ぬ　景色は見えず　蝉《せみ》の声」

と詠《よ》んでいます。

様々な解釈があることでしょう。私が感じますことは、

「ところで、あなたは、必ず死ぬとわかっていて、死後（景色）のことがわからなくても、それでも一生懸命に鳴くことができる人なのか？　それとも、もう必ず死ぬんだから、ムダに一生懸命に鳴くことをやめてしまう人なのか？」

つまり、
A：必ず死ぬのだからこそ、今、一生懸命にできることをする人なのか？

B：どうせ死ぬのだから、何もしたくない人なのか？

これを問われているように感じます。

最近の若者ほど、Bタイプが増えているように感じます。でも、若者ですごく成功している人は、Aタイプです。

今の自分は、どちらのタイプになっているのか？　成功するかしないかは別として、常にAタイプであって欲しいと思います。Aタイプで死んで行くことが、最高だと感じます。

本当に自分が動けなくなってから気づきがあり、BタイプからAタイプに変わる人も多いです。死ぬ前に気づけたことは良いことです。でも、その時は、もう動けませんので今生を後悔しているとも言えます。

すると、蝉は完全なるAタイプです。死の直前まで、うるさいほど鳴きます。蝉にすれば、仲間を見ても、死ぬことはわかっている。でも、「死んでからどうなる？　そんなの関係ねぇよ！　今は鳴けるから、思いっ切り鳴くのさ〜〜っ！」と、言いそうです。

禅僧の道元さんは、この蝉の心理を示唆《しさ》している言葉を、死に関して残しています。

「生より死にうつると心うるは、これあやまりなり」（『正法眼蔵《しょうぼうげんぞう》』より）

これはつまり、

■生から死に移ると、分けて考えることは、それは間違いだ。
■生と死という、分け目は無い。境界は無いのだ。
■何も移動しない。変わりもしないのが、生と死の真相だ。
■今と同じ「心の」生が、永遠に続くのだ。
■死という移動はない。

これは、私が感じてきたことと完全に同じです。今の自分の心は、肉体が死んでも、死ぬことができないのです。

今の自分の心が死ねないとは、終わらないとは、残念ですか？

釈尊にしても、この真理を知っているからこそ、上手く隠れている悪人を見ても、ウソをついて逃げている人を見ても、その人を捕まえられなくても、意に介しませんでした。むしろ、完全なる死後の継続を知るために、因果がどこまでも反射する転生（生まれ変わり）を知っているために、気の毒な人だと哀れみました。

死後に罪を持ち越すと、十倍に化けることを知っているからです。この世だけが、罪を償い昇華できる唯一の次元だからです。

蝉は、死んでもあの世で鳴いていることでしょう。

自分ができることを、思いっ切りするだけさ。

今日も、自分の生活の中で、自分ができることをしていきましょう。

来生も、それと似たことをするかも知れませんよ。

3 みんな本当は良い役者さんばかりです

今日も人類は、自分で自分自身の生活を、この世というスクリーンに映しながら撮影中です。カメラのアングルは、自分の視線です。しかし、もう一台のさらに超高性能なカメラが、別のアングルからも撮影しています。

その超高性能なカメラの本体は、自分の右胸に存在しています。そこから霊線が伸びて、そのカメラのレンズは自分の背後の上方から撮影しています。

この超高性能なカメラの正体は、内在神であり、真我《しんが》とも呼ばれます。

この世で八十年間ほどの撮影を終えますと、肉体の死、魂が肉体を離れる数秒の間に、その八十年間のすべての映像を高速再生で見ます。その映像には、自分の視点で撮影した光景だけではなくて、内在神が撮影した離れた視点からの全体映像も、挿入されています。

人生全体の大まかな流れを、魂が肉体を去る数秒間に、フラッシュバックするように通して見た後は、魂が肉体を離れて逝きます。

魂が肉体から離れる時に起こる生体磁気の発光現象のように、超高速で故人の心中に映像が流れます。消える前のロウソクが大きく燃えるように、です。

この後は、死後の四十九日間をかけて、ゆっくりと映像を見ます。まさに自分という映画監督が、最初は飛ばして全体を見た後に、映像の詳細の編集を始めるような感じです。今の皆さんは、自分（自我）という記録映画を撮影している映画監督をしている「最中」なのです。

そして死後の編集中に、自分の演技不足に誰もが後悔する点があります。「演技」不足とは、今生の良い「縁起」の新規の作成不足でもあります。すべては受け身ではなくて、自分次第だったのです。

「ああ、あの時はもっと努力しておけば良かったなあ。Aさんが内心で、それほど心配してくれていたとは、あの時の自分にはわからなかったよ。誤解していてごめんなさい、

Aさん」

「何も心配せずに、もっと思いっ切り演技すれば良かったな。ただ、何かを恐れて、じっとしているだけの映像が多過ぎだ」

「将来を心配して、自分で自分の肉体を弱めていたのか。それでも生活している時間に感謝して、もっと楽しめば良かったな」

このような様々なことを、誰もが死後の再生映像を見て思います。

四十九日間が終わりますと、自分が今回の人生で記録した内容に近い映像ばかりが収納された次元へと、磁気同士の引き合いにより自然と進みます。

そして、再度この世に生まれ出て新規の撮影をするまで、今回の記録映像を何回も何回も永遠のように繰り返し見ることになります。

誰もが生きている今が、貴重な撮影中なのです。期間限定です。この世で貴重な二度とない自分専用の撮影スタジオを、善徳貯金から支払いながら有料で借りている「最中」です。

もし生きている最中に、自分が後悔するべきことに気づけたならば、「生きてさえいれば」何度でも上書き修正が可能です。自分が修正する努力も、証拠の映像として記録されます。

たとえ現実には上手く修正ができなかったとしても、自分が改善を努力した映像が最重要なのです。

その映像があれば大丈夫です。あの世で後悔はしません。

今日もできるだけ、偽善でも良いから、自分の良心を演じ切りましょう。

自分が行動で映した演技（縁起）が、記録されるのです。

行動にできれば、それにウソや偽善などは関係ないのです。この世は、現実の行動・行為の世界だからです。

行動にできれば、その「継続」は真実となります。

ウソならば継続しません。

誰もが自分の自由意志で、良い役者を選択することができます。悪い役者もいますが、選択は自分の自由です。

どうせならば、今回こそは良い役者を目指しましょう。

その「継続」が真実・実績として記録に残ります。

4 「死にとうない」

有名な禅僧である一休（一休宗純）さんは、この世でとことん真面目に求道し、また、世の中を斜め下から観る酔狂《すいきょう》も経て、最高の身分の生活も下層の生活も経験し、酸《す》いも甘いも知った上で覚醒した人物でした。

その言葉には真理を観た者だけの鋭さがあり、見せかけではないことがわかります。この稀《まれ》な覚者の臨終の最後の言葉は、「死にとうない」でした。このように、その人生は最期の最後まで、周囲の人間を煙に巻くことに終始する徹底ぶりでした。

辞世の句には、

「朦々《もうもう》淡々として六十年
末期《まつご》の糞をさらして梵天《ぼんてん》に捧ぐ」

という言葉も残しています。「末期症状の寝床のタレ糞も含めて、すべてを神仏に捧げます」と言っています。

一休さんは、当時の平均寿命の約二倍という八十七歳まで生きられた長寿でした。もうやり残した執着などあるはずがありません。

しかし、最後の言葉は「死にとうない」です。**実は、最期の最後まで「生きよう」と思うことが、「生きながらこの世からあの世へ渡る秘訣」**であることを私は感じます。

また、生き残る周囲の人間にも、この世の素晴らしさとかけがえの無さを「死にとうない」は教えているのです。「こんな世の中捨ててやる」「この世から早く去りたい」などの言葉は、その周囲の人間に嫌な気持ちを残します。

「死にとうない」は、この世に残る者たちへの最高の賛辞であり、御礼の言葉だったのです。

私たちも自分の臨終が近づけば、周囲の縁者に、

「今までありがとう」

「本当に良くしていただいた」

「みんなと出会えて最高だった」

「ここは良い所だった」

「まだまだ、いたいよ」

と言い残して去れるようになりたいものです。

5 何も持てない自分を責めてはいけないわけ

禅の言葉に、「本来無一物《ほんらいむいちもつ》」という言葉があります。

仏教的には、この世のすべては本来は空《くう》である、執着するべきものは何一つも無い、という意味ですが、私たちは「でも目の前にあるじゃないか」と思ってしまいます。今は、それで良いです。

「すべては無だ」「空だ」とわかったふうに思い込むよりも、「本当はわからない」「あるもんはある」のほうが真理に近いです。

そこで、本来無一物を、

「誰もが、ゼロから始まったことを忘れていませんか？」

と言い換えてみます。

仕事でも、恋愛でも、結婚生活でも、勉強でも、始まりには何も無かったはずです。

それを段々と、色々な物を、思いを、身に付けていったわけです。さらには、生まれた時は、誰もが裸でした。これぞ本来無一物です。

年をとるごとに言葉を覚え、遊びを覚え、喜怒哀楽も身に付けていきます。さらに社会に出れば、様々な欲も身に付けて、絶望も身に付けて、大きな物を得たり無くしたり、を人は繰り返します。

そして人生の終わりには、すべてが夢だった如《ごと》く、一人裸に剥《む》かれてあの世に帰ります。本来無一物に帰ります。人は死に際して、本当に何も持つことができないのです。

死後に、多くの人が思うことは、

- 何一つあの世まで持って行くことができないのに、何も持つことができない自分を、ダメな奴だと責めていた。
- でも真実は、何も持つことが無い自分こそが、**大切な本当の自分だった。**
- 無理に持たなくとも、それは何でも無いことだった。むしろ、他人を傷つけてまでして、持たなくて良かった。

このように気づけた人は次に、生前に迷惑をかけた人々のことや、世話になってもなりっぱなしで、放置したままの人々のことを思い出します。自分が何も欲しい物が持てないことを、親の責任にして激怒したシーンも思い出します。

このような回想を、死後の四十九日間のバルドォ期間に、多くの人々は繰り返しリアルに思い出し、振り返り、段々と心から「申し訳なかった」と反省を深めます。

この期間の最後は、多くの魂が、

■今生のどんなことも、有り難いことだった。

■嫌で苦しかったことも、相殺《そうさい》の意味があって、ムダではなかったことを知る。

■大きな善意の手の平の上で「生かされて」、自分で人生に挑戦していたことがわかった。

と思うようになります。

だから今の自分は、何も持ってない、異性にもモテない、と苦しまないことです。

今、それを持つ人も、いずれは手放す苦しみを体験します。
誰もが、本来無一物に帰るのです。

逆に言えば、本来無一物を知っていれば、これを忘れなければ、
■失敗しても悩まない。恐れない。
■生きている短い間ぐらい、ドンドン挑戦してやろう。
■ゼロから始まり、ゼロに帰るだけさ。
このように本来無一物を、解釈していただければ幸いです。

この世を明るく、思いっ切り、恐れずに、歩いて行きましょう。

慌てない、慌てない、恐れない、恐れない、ひと休み、ひと休み。

6 現れるすべてが、自分にはちょうど良い

死後に誰もが、自分の今生だけではなくて、経験した他の過去生も思い出します。その時に、自分は同じような人生の傾向・性格・サガ・癖が続いていたことを知ります。そして、過去生で関係のあった人との「貸し借り」の清算のために、過去生で縁があったその相手、または、別人の魂ですが似たような因果のある相手と、今生でも自分が出会っていたことを知ります。

そうして、幾度もの自分の過去生のドラマの全体を、あの世で何回も何回も繰り返し通して見た時に、「因果の貸し借り」「やったら、やられる」「因果の相殺」などが、厳正に、漏れなく公平に、淡々と何度も再現していたことを思い知り、心から降参します。

その時に、「まぶしくない太陽」が威厳をもって自分がいる世界全体を照らしていることに、神様の実在を全身全霊で感じることになります。

その時に、思い出すことは、誰もが、

■**今生の自分が生まれた環境も、自分に足りないモノも、自分の人生全体も、自分自身に、ちょうど良かったこと。**

■自分には、あれが最善だったことに気づくことになります。

■それを、生前の自分は、不満だらけでムダにしていたことを思い知ります。

■親に八つ当たりしたことを、心から反省します。

さて、生きている今、今の状態が自分に「ちょうど良い」「最善だ」と思えるでしょうか？
それとも、今生の自分を見れば、「自業自得だ」と自分で思える人もいるのでしょうか？

ここで思って欲しいことは、

■今生に自分に配られたカードは、これで良い。わかった。

■この配られた自分のカードの中で、最善手を最後まで模索したい。

■来生に配られる自分のための、新規のカードのためにも。

このように前向きに、自分の覚悟を決めることができれば最高です。

どんなにバラバラで不揃《ふぞろ》いなカードでも、自分の進め方、努力次第では、ロイヤル・ストレート・フラッシュに化けるかも知れません。生きている最中は、何度でも一枚ずつ、状況を変えていくことは自分の「選択」と「努力」で自由だからです。

どうせダメだからと、何もカードを切らずにそのままが、いけないことです。

例えば、老人になっても、一人社長として、個人事業主として、自由に挑戦していくような行動力が大切です。

また、病気でも、今は自分のありのままを、心境と共に配信するネット動画など、個人にも稼ぐ夢がある時代です。

とにかく、生きている間は、あきらめないことが大切です。

自分の現状とは、すべてのすべてが、厳正に反映して出現していると、因果論で言えます。少しでも明日を良くするための因果を、今日に自分で創ることが可能です。

自分の良心に合うことを、していければ幸いです。
いつかの明日が、変わります。

7 時間が最高のプレゼントだった

あるテレビ番組で、ガンにより余命半年を医師から告知された男性の生き様を見て、とても感銘を受けました。その男性の顔が、非常に立派な良い御顔に観えました。顔が光り輝いておられました。

体調不良を感じた男性が健康診断を受けた結果は、いくつかの臓器に転移した末期ガンでした。医師は正直に御本人に対して、

「手術と色々な治療をすれば、余命は六ヶ月です。そして治療のために、病院から出ることはできません。もし、このまま痛み止めだけで放置すれば、もっても三ヶ月です。ただし、動ける限り行動はできます。どちらを選ぶかは、ご家族とよく相談して選択してください」

と告げました。

これを聞いた男性は、自分がお客さんから受注した仕事があったために、これをどうしても仕上げたいと思いました。そして家族とも相談した結果、自宅で最期を迎える選択をされました。

医師に返事をする時に、男性は、

「正直にガンを教えてくださってありがとうございます。その御蔭で、自分が最後にしたいことができる時間を持てました」

と話されました。そして、死ぬまでの準備と行動をする時間が事前に持てたことで、「ガンに罹《かか》って良かった」と、心から言われたのでした。

仕事一筋で生きてきた男性は、それから奥さんとできる限りの旅行に行かれました。京都の寺社巡りをするのが夢だったそうです。とても大きな立派な耳を持つ男性は顔が輝き、生きながら仏様のような顔をされていました。

男性の病状を知った多くの知り合いの方々が悲しみを心の奥に隠して、頻繁《ひんぱん》に自宅に会いに来られていました。死に行く人と、それを見送る人との、死という崇高な境界を意識する時間が流れていました。

もし、ガンに罹らなければ、そんな時間を持たないまま人生が過ぎたかも知れません。

人間とは、家族とも友人とも、ある日突然の「別離」をするのが一般的なパターンなのです。**憎むべきガンがプレゼントしてくれたのは、家族と友人たちとの貴重な時間だったのです。**


さて、普段の私たちは、これほど真剣に時間を生きているのでしょうか？

健康な人間でも毎日、死に向かって歩いているのが真相なのです。一日が、一時間が、一分が、過ぎるごとに死に向かって確実に進んでいます。


細かいことで、自分で自分の心身をイジメていないか？

くだらないことに執着して、他人に迷惑をかけていないか？

今の時間を思いっ切り生きているのか？

本当は、何も心配しないでも良かった、この世は感謝するべきことばかりだったことが、死と面した人間にはわかります。

でも、この時は、もう残された時間が少ないのが一般的なのです。

しかし、普段から先祖供養をしていけば、また心境が違います。

先祖供養とは、普段から「明るく」先祖の死と面しているのです。これは自分の死も明るく超えさせる、三途の川を無難に渡ることに必ずつながります。まったく普段から死の問題を避けていた人間とは、大きな差が生じています。

死とは誰もが最後に必ず体験する重要なイベントなのに、これを「明るく」考えることから避けているのは本当に損なことです。

今日も明るく、先祖への感謝をしましょう。

これが自分の死後に、自身を一番助けてくれることを、知ることにもなります。

8 人は最期の時も輝きます

日本人は普段から家族に対して感謝の言葉をかけることや、愛情を表現することが非常に苦手です。心では思っていましても、口に出して「愛している」などとは「恥ずかしくて言えるか〜！」という人が多いものです。

しかし、緩和ケアをおこなう病院を紹介したテレビ番組を見ますと、本当に死に面した時、最期の病床から出る言葉は、

「すまなかった」

「よくがんばってくれたね」

「申し訳なかった」

「ありがとう」

という患者から家族への感謝の言葉ばかりでした。消えかかるような小さな声で、自分が元気な時は言えなかったような言葉が、誰もが自然と素直に出ていました。

元気な時は誰でも自分の身勝手があり、家族と喧嘩もし、口も利かない時期があったかも知れません。しかし、だからこそ、それがあったからこそ、最期の時は走馬灯のように過去のすべてを思い出しながら、「謝罪」と「感謝」の言葉だけが自然と口をついて出るのでしょう。

人生の最期の時になって初めて、この世の善悪のすべてが思い出となります。その時、どんな出来事にも感謝ができる心の状態が、最高の死の迎え方です。

元気な時は、他人の悪事には悪という「点」だけを見て、それだけにこだわり、追及して怒り、悪の何に感謝をするのだ？　と反感を持つものです。

しかし、自分が死に面した時、悪事にも背景があったことを理解し、「慈悲の視点」というものが誰にも観えだすのです。

するとやはり、

「**誰も悪くはなかった**」

「**この世のすべては感謝するべきことだらけだった**」

ということが真から本当にわかるのです。

この世を去る間際になって、初めてわかるのが人生の皮肉なところです。

自分が元気な時に、心の真から「慈悲の視点」というものが理解できていたならば、その人の運命は変わり、人生が大きく変わったことでしょう。しかし、元気な時はわからないということも、この世の大切な一面なのでしょう。

でも、知識として知っておくだけでも、人生でのムダな経験が減ります。

「安楽死」ではなくて、鎮痛剤で痛みを除去しながら、後は病気に任せて自然と死を迎えることは、医師の判断下ならば良いことだと私は感じます。

安楽死という人為による死は、因果の先延ばしを来生に残すだけであり、魂には何の得にもなりません。来生で、また今の苦しみに似た環境と条件が再現することになります。

さらには、因果に利子が付いた悪条件になります。必ず経験しなければいけないことは、今の苦痛にしても、すべてに意味があり、因果の昇華となっていることを知っておいてください。

どんな苦難にも、ムダは一切ないのです。むしろ、自分の魂を真から救うための聖なる現象なのです。

理想の死とは、結局は栄養不足による餓死にも相当するような、医療のなかった大昔の人間と同じ死の迎え方に、結果的になるのでしょう。

聖者ラマナ・マハルシは、医師から見れば激痛のはずの末期ガンでしたが、最期までにこやかな微笑を湛《たた》えたままでした。生前に高い心境まで心を高めた人間は、自然の摂理として脳内麻薬が出るのです。

私たちも良心に沿って生きてさえいますと、最期の時は「先祖のお迎え」として物理的に脳内麻薬が出ます。だから、医療にかかる金銭も、最期を看取る家族も自分にはないと心配することは不要です。

自分の良心（内在神）が、「心配しない」「不安にならない」生き方を今からしていけば本当に大丈夫です。

しかし、自分の良心にフタをしたまま、**自分の良心に背いて、**本当の自分を誤魔化して生きた人間には、死ぬ時に逆に神経の感度が増す成分が脳から出ると啓示されます。その時、痛みは十倍になるようです……。そのホルモン成分も未来には発見されることでしょう。

これは悶絶の中を死んで行くことになり、この世のすべての帳尻合わせが完璧に実行されていきます。

神様が作られた法則は完璧です。だからこそ、恐れずに安心しましょう。

自分の良心に背かないように、この世を大いに楽しんでいけば良いだけだからです。

他人の悪行を心配することも不要です。

人の死とは、あの世での誕生日でもあります。

怖がらずに、明るく生きて行きましょう。

9 レンタルした品の使い方、返し方が大切です

（独自の訳）
この生きている肉体も、いつかはあの死体のように朽《く》ちていくことでしょう。
あの死体も、今に生きている肉体と同様だったことを思いましょう。
だから、自分の肉体に執着することから離れましょう。
〔原始仏典『スッタニパータ』第一章十一節二百三番〕

（感想）
肉体に執着しないことは、「肉体を大切にしないこと」ではありません。
肉体を大切にするが、肉体に執着はしない。これが大切な心境なのです。
これは他にも言えることです。

■自分の子どもを大切にするが、子どもに執着はしない。このほうが、子どもは伸びます。

■仕事は生活するために最大に大切にするが、仕事に執着はしない。この心境のほうが、仕事を辞めないで継続しやすい。

必ず来る「死」を考えますと、どんなことも「必ず手放すこと」だけはすでに決まっているわけです。

どんなモノも、期間限定で自分が預かっているだけなのです。土地も、家も、財産も、家族も、仕事も、そしてこの肉体でさえも、一時的に自分が預かって使用しているだけであることを、この項は指摘しています。

そうしますと、人間は一時的に自分がレンタルした借りたモノに執着して、命をすり減らすほど悩み、喧嘩も、時には自殺もしているのがこの世の現状なのです。

レンタカーに執着する人は、いるのでしょうか？　レンタルの服に、執着する人はいないでしょう。

初めから自分が「期間限定でレンタルした」という認識を持つモノに対しては、人は執着をしないで気持ち良く返却ができるものです。

しかしこの世では、自分が持ったものには「自分のモノだ」という執着をする幻想を、恋人にも、財産にも、そして肉体にも、抱《いだ》くという錯覚を人はしてしまいます。
この錯覚が、殺し合いや、苦しみを生み出しています。

借りた物を、キレイに掃除してから返却する人。
借りた物を、ドロドロのままで返却しても、平気な人。
人間は、この二つに分かれる場合があります。
もし結婚するならば、どちらのタイプを選ぶでしょうか?

自分の肉体も、先祖（遺伝子）と天（環境）からレンタルしているのが事実なのです。
いつか、必ず返却する時が来ます。
だから、大切にメンテナンス（健康維持、病気治療）をしながら、返す時は気持ち良くお返しをしたいものです。

でも、自分の肉体のデザインや形、性能が気に入らない。だから、不満タラタラで使用しながら、早く死にたい（返却したい）という人が多いのがこの世です。

困ったことに、この神様から借りている肉体の完全なる使用履歴、使用感への感謝の有無、使用目的などなどすべてが天にデータベースとして、精密に詳細に、映像付きで記録されています。

今回の使用データは、次の転生で肉体をレンタルする時に、完全に反映されます。今回の使用履歴次第で、より優れたヴァージョンUPした肉体がレンタル可能なのか、使用制限がされた仕様になるのか、今の自分の使い方次第です。


❖だから肉体は、大切に使用するが、悪い執着はしないこと。

❖魔改造《まかいぞう》（自分の欲望に合わせて、極端な途方もない改造をすること）をしないこと。


この項の指摘は、来生にも大切なのです。

今日も、自分の心身を大切に磨きながら、感謝して使用し、軽やかにレンタル期間を生きたいものです。

10 不幸と幸福、どちらが数えやすい今の自分なのか?

心配なことや、腹が立つこと、または自分の不幸をすぐに数えられる人は多いです。あれも、これも、と次々と思い浮かぶことでしょう。

でも、自分の幸福なことについては、すぐに思いつく人は少ないのです。なぜでしょうか?

親から食べさせてもらったことは、アタリマエ。すぐに忘れる。でも、親から叩かれたことは、一生覚えている人が多い。

幸福なことや有り難いことはすぐに忘れ、他人からの恩も喉元過ぎれば忘れ去る。でも、不幸なことは、いつまでもいつまでも覚えているのが人間です。

死ぬまで、このような人間のサガ(性)を抱えたまま、大半の人が亡くなって行かれます。

ここまで読んだ段階でも、「自分の幸福なことについては、すぐに思いつく人は少ないのはなぜ？」という問いかけにも、「フンッ、不幸で嫌なことしかないからだよ！　ばーか」と思っている人はいます。

でも、死後には、自分自身で根本から思い直し、深い反省と、後悔を自らすることになります。どんな屁理屈野郎でも、思い直します。

それは、なぜでしょうか？

「**視点の転移**」が起こるからです。

死後にはまず、自分自身からの視点で、今生の自分の一生のすべてを再生した光景を、高速モードで見せられます。問題は、その次からです。

親や、自分が世話になった人からの視点での、自分自身に関する一生分の映像を見せられます。その時に、親の内心や、生活費の事情や、自分が知らなかった様々な問題、そしてその時々の、自分自身の発言や行動を見せられます。

「**他人からの視点の光景**」を見せられますと、「顔から火が出るとはこのことか」という思いに多くの魂が打ちのめされ、深く反省します。

そして、自分が正しかったこと、本当に自分が可哀想だった思い出については、
■あの世の自分は、それを乗り越えたことに満足します。
■その苦しい思い出も、許せる心境に変わります。
■むしろ、今の爽快感を思えば、**あの時にもっとキツくても良かったとさえ思えます。**

生きている間に、自分が知らずに受けてきた御恩に、気づけることが「悟り」です。

誰もが、天から生かされている存在です。どんな今の自分であっても、です。

自分が「生かされている」ことに、真（深）から気づけた時、様々な御恩に気づけます。その時には、様々なことを「許せる自分」がいることでしょう。


不満たらたら、不幸をすぐに数えられる間は、人生まだまだです。

これからも、嫌なことばかりを数えていくことでしょう。

どんな環境の中でも、「それでも」有り難いことに気づけた人から、その環境は変わっていく人生になります。

運命とは、自分で命を運ぶ姿の道程です。
だから、運ぶ**姿勢**は、自分で選べるのです。
今日も、自分の命を大切に運んでいきましょう。
運命が変わっていきます。

11 死別するとすべてが思い出に変わります

家族とはいつかは死別することがわかっていましても、実際に経験して見て初めてわかる感情があるものです。

互いに元気な時は、「あんなことを言われた！」「もう嫌だ！」「別居したい」などなど、誰にでもあるものです。

でも、様々な喜怒哀楽と相克《そうこく》（削り合い）があった関係ほど、本当に死別しますと、

■生前には、気づいてあげられなかったこと。

■相手の立場から、自分を見た場合の視点と感情。

■死別して、初めて味わう喪失感。

様々なことが、走馬灯のように、自分の頭の中をぐるぐると駆け巡るものです。

このようなことは、死別をしなくても、会社や学校でもあることです。

■皆に嫌われていて、自分も大嫌いだった同僚や上司が、急に会社を辞めた。
■自分は一切関わらず黙って見ていただけだったが、イジメに遭っていた同級生が学校に来なくなり、退学した。
■辞めたと聞いた当初は、「とうとう辞めたか」「あれだけ嫌われていればね」と思い、「いなくなって良かった」とさえ感じた。
■しかしすぐに、その理由を知りたくなり聞き回った結果、自分とは関係なさそうだとわかり、安心する。

ところが、その空席を日々に見ていくうちに、

■過去に自分がとっていた態度や言葉を思い出す。
■自分の態度は、あれで良かったのだろうか？　もっと何か自分にできることがあったのでは？　と自問が始まる。
■そして、何とも言えない寂しさのようなものを感じる。

このように感じられる人は、まだ良心（内在神）が心の表層に近いです。何も感じない、辞めて当然だという冷めた感情しかない人は、内在神を心の奥に押し込めているかも知れません。

この違いは、内在神からの応援を受ける距離感でもあり、人生の後半にその違いが転写してくるものです。何かにつけて、「欠けること」が健康や、金運や、仕事、家族運に出るものです。

もし、腹が立つ相手がいれば、

■いつかは離れるものだと思うこと。

■相手がどうであろうと、自分は後から後悔しない態度をしておこう。と思うことも参考にしてください。

いや、それでも腹が立つ相手ならば、

■そういう相手とも、いつかは死別するという事実を想像すること。ここまで想像ができますと、冷静な視点が持てるかも知れません。

誰もが、この世だけの短い一期一会《いちごいちえ》（二度と無いこと）、短い出会いなのです。
何があっても、死後には、そのすべてが良い思い出に変わります。
これを普段から意識ができれば、相手を尊重することができるかも知れません。

12 形あるものは無くなるからこそ楽しむ

心配しているよりも、当たって挑戦してみよう〝ぐらい〟が良いです。案ずるよりも産むがやすし。

私たちは日々、死に向かって歩いているのに、何を保持しようとして心配するのでしょうか？

人間は深い意味では、この世の何物（人・金・仕事・地位・健康……）も保持することはできません。自分が持ったと錯覚しているだけです。または、それを持とうとして焦り悩んでいます。

人間が〝持つ〟ことができるのは、「経験」だけです。魂は、経験を求めて現実界に来ています。

だから、どんな経験も霊的な真の財産と成り得ます。

何か辛い経験をすれば、「ええ修行の経験をさせてくれるねえ」と、嫌味でも良いから自分の心に言って〝置けば〟良いです。

とにかく怒りや悲しみは、最終的には暗く嫌な経験として自分の心（内在神）に〝刻まない〟ことが重要なのです。

この練習ができるかどうか？

実践するかどうか？

が、その人の幸運力を決めていきます。

運命が変わります。

挑戦をしてみて失敗をしても、その過程を経験したこと自体が大成功です。良い思い出になり、あの世での財産となります。何もせずに漏電していた時よりも、価値のある経験をしたのです。

ただ、どんな挑戦も、自分の良心（内在神）からの視点を〝持ちながら〟の経験でないとダメです。あの世の財産にはならないのです。

だから、「生かしていただいて ありがとうございます」の視点で様々なことを経験していけば、絶対に大丈夫なのです。

生きている間も必ず改善していくし、あの世でも歓喜の世界へと引きつけられます。「この世にいて良し、あの世に逝っても良し」の大安心となれます。

この世でのどんな経験も、「生きているだけでも有り難い」という究極の下から目線で見ていきますと、この世が輝いて〝いる〟のがわかります。

ゴッホの絵が燃えるように揺れているのは、この世の霊的な輝き「絶対歓喜《ぜったいかんき》（この世のすべては、根源神の愛情磁気の粒子で構成されています。それは喜び勇む歓喜の波動で揺れています）」を垣間観ていたからです。

彼の悲劇は、たまに目撃する絶対歓喜の景色と、現実生活とのギャップに苦しんだのです。彼の心境が清濁併せ呑《せいだくあわせの》む（良いことも悪いことも、愛情で受け入れること）までのキャパシティがあれば、現実の生活の中にも絶対歓喜を観ることができたのですが、彼にはできませんでした。そして、苦しんで逝きました。

創造神を心に預かる人間は、どんな苦境の中にも「笑い」を見ることが可能です。自分が笑いを見ようとしていないだけです。

だから、どんなことも静かな微笑みを秘めて内在神と共に、経験をしていきましょう。どんな経験もムダではないし、自分で財産に変えることが可能なのです。

13 死を知れば、今をより良く生きて行くことができます

愛する家族やペットと死別しますと、心から辛いものです。自分の身が、引き裂かれるような辛さを感じるものです。自分自身の何かが欠けてしまったという空虚感が襲うことでしょう。

でも、そういう自分も、いつかは死んで行く身なのです。つまり、大切な存在が先に死んだ後に、自分が生きている期間とは、個人差はありますが、せいぜい数十年、どんなに長くても百年以内です。

先に亡くなった存在と「生きている自分」という関係でいられるのも、限られた二度とない貴重な期間なのです。自分が生きている間は、先に逝った存在を供養することができます。この期間を大切にしましょう。

誰もが死ねば、肉体を亡くして「光の存在」へと移行します。

人は、死ぬ時に霊体の粒子が振動を始めます。その振動が光速を超え始めた時に、その霊体は「青い光」に包まれます。人の肉体が死に面した時に発生する振動は、ロケットに乗って加速していく様を想像してください。気を失うまで、加速が高まります。目が覚めますと、自分の心は肉体から離れて、自分の死体と周囲を見ています。自分の視線は、天井付近から見下ろす感じです。

まさに人は、「光の天使様」に誰もがなるのです。この時には、性別や、人種や、生まれた国、どんな人生だったか、などなどは何も関係がありません。この世のすべての、死ぬほどこだわった、欲しかった、様々な物質、金銭も、異性も、どんな環境も、吐き気がするほど不要なモノだったことが心からわかります。

もっと大切なモノがあったことを、思い知ります。その時の救いは、自分が先祖供養(遺伝子の供養)や大自然の精霊(氏神のこと)、動物を大切にしたことです。これらが貴重な体験だったことを思い知ることでしょう。

こういう経験がなかった人は、貴重な人生時間に、本当に大切なことに気づけなかったことを悔います。

青い光に包まれた後に、死後の四十九日間という「バルドォ」期間に入って行きます。今回の人生のすべてを、細部まで振り返る記録映像を視聴する期間を体験します。この期間に入れば、この世のどんな悪人も、根底から自分を反省することになります。この期間で、反省しなかった悪人は、人類史では今までゼロです。心から折れます。この時に、生前の自分が、性別や、人種や民族、生まれた国、肉体の欠損、富裕、地位などの問題で、他人を非難した罪の重さを思い知らされます。もう、これでもか！というぐらいに、他人の心情を自分の心が体験します。
四十九日間が終わっても、まだまだ先は長いです……。

私の心の神様が示すには、
❖生きながら光の天使様になる人間が増える時代が、もうすぐ来る。
❖しかしその前に、神などいるものか！　強い者が勝つ、金がすべて、という人間が増えた時には、大自然の厳しい試練があるかも知れません。

大切なことは、生きている今のうちから、死後の生活を想定して備えることです。
これを忘れなければ、他人の悪口を言うことがアホらしく思え、罪を犯すことに正しく恐怖を覚え、他人に悲しみを与えることよりも、喜びを与えたいと自然に思えるようになっていけます。

自分の死を忘れていることで、カネにも欲にも執着し、他人を悲しませても平気になります。実は、これが死後に割が合わない本当に損な生き方なのです。

自分の死を明るく忘れずに、生きているうちの今から死後と来生に備えた生き方をして欲しいものです。

このように素直に思えた人は、すべてを自分で正すことができます。生きているうちに正せるとは、これは本当にすごいことだと、死後にわかります。

伊勢白山道式　先祖供養の方法

1 最初に線香三本に火を点け、上下に軽く振って炎を消します。線香を手に持ったまま、うち一本を片方の手に持ち替えて、苗字は言わずに父方・母方も含めた男性の先祖霊全体を意識して「ご先祖のみなみな様方、どうぞお召し上がりください」と声に出してから線香器の左奥に立てます。立てたら「生かして頂いて　ありがとう御座位ます」と発声します。

2 二本目を片方の手に持ち替えて、父方・母方を含めた女性の先祖霊全体を意識して「ご先祖のみなみな様方、どうぞお召し上がりください」と声に出してから線香器の右奥に立て「生かして頂いて　ありがとう御座位ます」と繰り返します。

3 三本目の線香を片方の手に持ち替えて「その他もろもろの縁ある霊の方々、どうぞお召し上がりください」と声に出し「自分に縁あるすべての霊的存在」（家系の水子、実家や親類の霊、知人の霊、生霊、動物の霊、土地の霊、その他の自分で認識していない霊的存在など）へ届くように思いながら、手前中央に立てます。

※一、二本目は先祖全体に、個別に特定の故人に向ける時は三本目で。

4 手を合わせて「生かして頂いて　ありがとう御座位ます」と繰り返します。

5 続けて、すべての霊が根源なる母性に還るイメージで「アマテラスオホミカミ」を二回ずつ、自分が安心するまで繰り返します。これに違和感のある方は唱えなくてもよいです。大事なのは「生かして頂いて　ありがとう御座位ます」の言霊です。

※火の点け方は最初に２本、あとから１本でもよいです。
※煙が自分のほうに流れてきても問題はありませんが、気になる場合は、供養を始める時に１度だけ「寄り代にお寄りください」と念じてください。

伊勢白山道式
先祖供養の方法

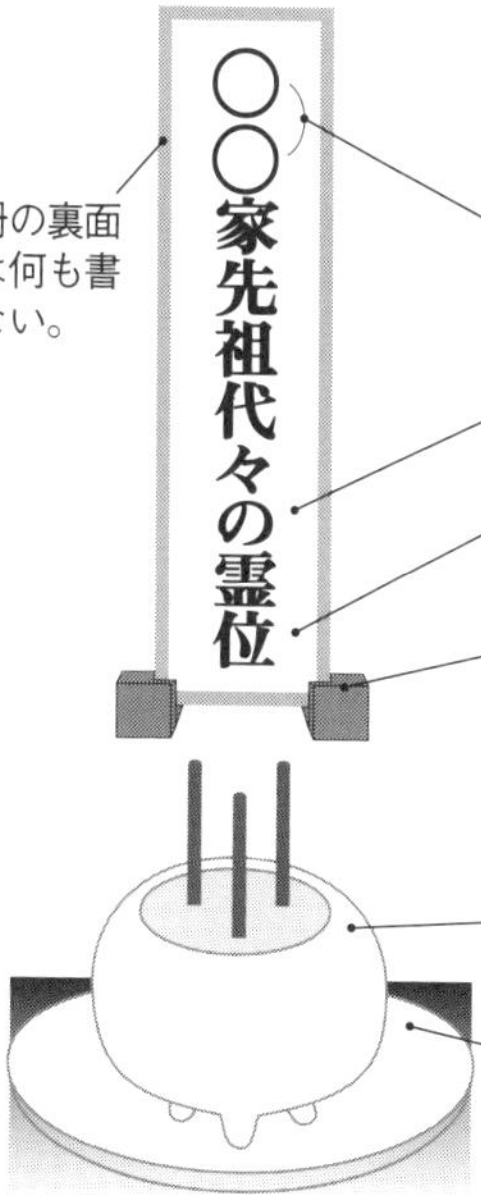
短冊の裏面には何も書かない。
字は自分で書きましょう。黒マジック・筆ペンでも可。金色のマジックも可。
○○は現在名乗っている姓。
(P.229からを参照)

「の、之、ノ、乃」など、どの文字でもよい。

「位」の字は大きく書く。短冊立てで隠れないように注意。

短冊は必ず短冊立てにはさみ、直立するように固定してください。安定して真っ直ぐに立つ姿が供養者に反映します。

線香立て(香炉)は、茶碗などで代用可。無地で白っぽいほうがよいです。

安全のために、下にお皿をしいてください。埋もれ残った線香はこまめに捨てましょう。

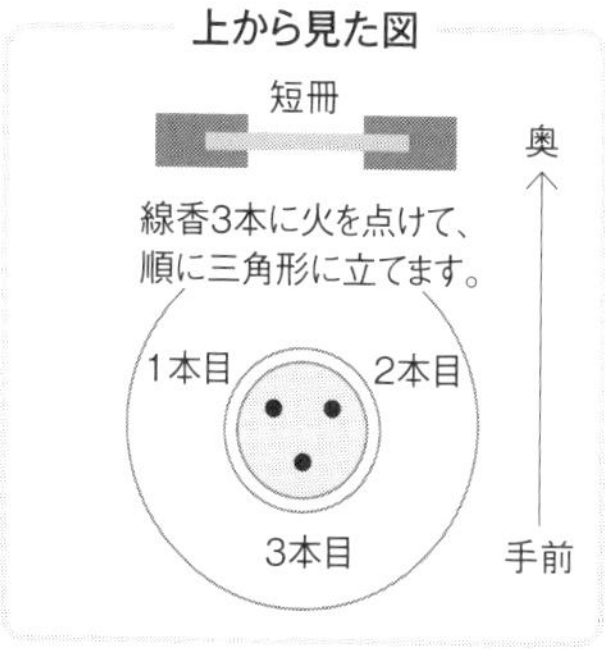

上から見た図

線香3本に火を点けて、順に三角形に立てます。

- 先祖供養には、先祖霊が寄るための寄り代(位牌や短冊)が必要です。**寄り代なしの供養は厳禁です。**
- 自宅に「○○家(自分の現在の苗字)先祖代々の霊位」と記された位牌があれば、それを使用してください。ない場合は、短冊を用意して図のように自作してください。
- 先祖供養は自己判断と自己責任でおこなうことです。

◆火災に注意！供養のあとは線香の消火確認を忘れずに!!

ブログ　伊勢一白山道　http://biog.goo.ne.jp/isehakusandou/より引用

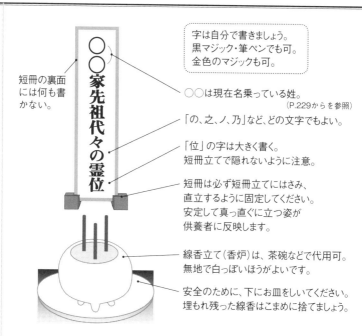

先祖供養を始める前に

❖家族の理解を得られない環境では無理に供養をしてはいけません。家族の反対があれば、感謝想起のみにしましょう。

❖日常で「生かして頂いて　ありがとう御座位ます」と先祖や家系の水子、内在神への感謝想起をすることもとても大切です。

❖先祖供養と自分や家族の健康や仕事・勉強・人間関係等の幸・不幸を結び付けて考えてはいけません。先祖供養は、迷い困っている霊を助けたいと思う慈悲の気持ちから「先祖のために」おこなうことです。自分のためではありません。

❖供養で大事なことは「継続」です。供養の継続は供養が届いていることの証明です。

❖先祖供養は先祖への感謝と思いやりから自発的におこなうことです。無理は不要です。先祖供養はご自分の判断と責任の上でおこないましょう。

供養の道具

❖短冊は、文房具店で販売されている長さ三十cm位で白色無地の厚手の物がよいです。金色の縁取りがあれば、なおよいです。短冊は短く切ったりしないでそのまま使用してください。

❖色紙《しきし》を短冊のように細長く切って代用するのは駄目です。

❖海外在住で短冊が手に入らない場合は、硬さのある厚紙を何重にもノリで貼り重ねて自作してもよいです。寄り代には厚みが大切です。中に空洞のある段ボール紙は、供養の短冊には適していません。

❖破損したり書き損じたりした短冊は、白い紙に包んでゴミとして捨てればよいです。短冊には、供養の際に霊が一時的に寄るに過ぎないからです。

❖短冊立ては必須です。短冊の両端をしっかりとはさんで真っ直ぐに立てられる、木製の物を使用してください。木片二つに切り込みを入れて自作してもよいです。壁に短冊を斜めに立てかけたり、貼り付けるのは厳禁です。

❖線香は、長さが十㎝以上あり、煙が多いものがよいです。香りが良いものも霊に喜ばれます。

❖線香を折ることは厳禁です。自然に折れて短くなった線香は、三本目に使用してもよいです。

❖線香器（香炉）はどんぶり・茶碗などで代用できます（無地で白い厚手のものが理想）。灰を受けるために、必ず下に大きめの皿をしいてください。

❖市販の線香灰の使用が理想ですが、入手できない場合は重曹など難燃性の物を使用してください。可燃性のコーヒーかすや穀類は危険です。また、砂や小石、金属・ガラス・塩は先祖供養には不向きです。

寄り代に記入する苗字

【基本】

❖戸籍に関係なく、現在名乗っている姓のみを使用（故人の個人名は寄り代には不要）。夫婦別姓の場合は、夫の姓での供養が好ましいです。

❖離婚した場合も、現在使用している姓が基本です。離婚後も元の夫姓を名乗っていても、実家からの援助が多い場合は、供養のみ実家の姓で。子どもがいる場合は子どもの名乗る姓でもよいです。

❖漢字を旧字・新字の両方使用している場合は、好きなほうでよい。

❖外国名の場合、主たる供養者が得意な言語で記入してください。日本語使用なら外国名をカタカナで記載してもよいです。記載言語や寄り代の形、「霊位」の表現は、供養者が馴染みやすいスタイルで。例えば、「Smith 家先祖代々の霊位」のように日本語と外国語が混ざるのも可。

【帰化による創姓や通名】

❖外国籍から日本への帰化により「新たな日本姓」を作ったり通名使用で、外国姓と日本姓がある場合、

A：創姓した日本姓や通名にまだ故人がいないうちは、供養は旧外国姓でおこない、創姓の日本姓や通名に死者が出たら、供養も日本姓に切り替える。

B：または、創姓や通名の日本姓にすでに故人がいても、旧外国姓の寄り代と日本姓の寄り代を、二つ並べて供養するのも可。その場合、旧外国姓の霊位を左側、創姓日本姓の霊位を右側に並べる。

※AかBかは、供養者がしっくり感じるほうを選べばよいですし、途中で変更してもよいです。

❖創姓日本姓と旧外国姓の二つの寄り代を並列する供養は、外国籍から日本への帰化で「創姓」した人や、通名使用者のみ可。

❖帰化でも、婚姻や養子縁組で日本人の籍に入って改姓した人が、旧外国姓と現在の姓の両方を並べて供養するのは厳禁。この場合は、入籍した姓一つで、基本の供養をすること。

供養の場所

❖伝統仏教の仏壇がある場合は「○○家先祖代々の霊位」の寄り代（位牌や短冊）を仏壇の中（一番手前の置ける最下方）か、前に台を置いてその上で供養します。仏壇以外の所に台を置いて供養してもよいです。

❖仏壇や位牌が新興宗教仕様の場合は、必ずその仏壇から離れた場所で、別に短冊を用意して供養します。

❖神棚がある場所で供養をおこなう場合は、神棚よりも低い場所に置いてください。神棚の下方に寄り代を置いて供養するのが理想です。

❖供養は高さ三十～五十㎝のぐらつきの無い木製の安定した台でおこなうことが理想です。仏壇内に寄り代を置く場合は、高さを気にしなくてよいです。

❖脚が折れる台やキャスター付きの台は不安定感があり、供養には向きません。

❖窓際（窓を背に寄り代を置く）や鏡に寄り代が映り込む場所は避けたほうがよいです。

❖方角は気にしなくてよいですが、理想は寄り代を北～東方向を背に置いて、人が北～東に向かい拝みます。

❖供養をおこなう場所は綺麗に片づけ、掃除をしましょう。

❖他に場所がない場合には台所で供養してもよいですが、事前の清掃が大事です。できれば供養中に換気扇はまわさないほうがよいです。線香が消えてから換気をしましょう。

❖ベランダや屋外での供養は、無縁霊が寄るので厳禁です。

❖一つの家の中で、家族が複数の場所で同時に供養をしてもよいです。

❖短期間の出張や旅行時にまで、道具を持参して供養をする必要はありません。

火災予防

❖ロウソクの使用は厳禁です。線香にはライターで火を点けます。

❖線香を捧げたらその場を離れてかまいませんが、線香が消えるまでは外出はしないで、必ず消火の確認をしましょう。

供養の時間

❖午前中に供養するのが理想ですが、他の時間帯でも（夜でも可）よいです。ただし、霊的に不安定な時間帯である、日没の前後一時間と深夜〇時から午前四時の間は避けてください。

お供え

❖線香の煙は、霊の欲しい物に変化して届きますので、法要や命日・お盆・お彼岸などを除き、食べ物のお供えはしなくてもよいです。

❖食べ物は長く置くと無縁霊が寄りやすくなります。後で食べる場合は、供えて直ぐか十五分位で下げて早めに食べましょう。

❖お茶やお水などの液体類をお供えした場合は、飲まずに捨てましょう。

湯気供養（線香を使用できない場合）

❖霊的な効力は線香の三割ほどですが、湯気の出る熱いお茶を入れた茶碗を三つ用意して、三角形に置いて供養します。湯気供養にも寄り代（短冊や位牌）は必須です。捧げたお茶は捨てます。

供養時の注意

❖神棚がある場合は、先に神棚の水交換と参拝をしてから、先祖供養をしましょう。

❖供養の際には、感謝の気持ちだけを捧げましょう。願い事をしたり、悩みを訴えたりしますと、先祖霊は不安になり、供養にならなくなります。

❖怒ったりイライラした状態の時は、供養をやめましょう。

❖供養を受けている霊を邪魔することになるので、供養中は短冊や位牌・線香・煙に触れないほうがよいです。線香を途中で消すことは厳禁です。

❖故人が現世への執着を持たないようにするために、写真は置かないほうがよいです。亡くなってすぐはよいですが、一年経てばしまって、命日などにだけ出しましょう。

❖大切なのは供養を先祖・縁ある霊的存在「全体」に捧げることです。供養が必要な他の方に届きにくくなってしまいますので、供養中に特定の故人の名前は呼びかけないほうがよいです。どうしても気になる故人がいる場合は、三本目の線香を捧げる時に心の中で故人の名前を思い、感謝をすればよいです。

❖供養に使用する短冊や位牌は常設が理想です。しまう場合は線香が燃え尽きてから一時間はそのままにしてください。火災予防の観点からは、線香器はしまわないほうがよいです。

❖供養は一日に一回、多くても二回までです。過剰な供養は不要です。

あとがき

本書の最終締め切りが迫り、そろそろ「あとがき」を書かなければいけないと思っていた時に、母が百歳に近い年齢で亡くなりました。

以前から、近いうちにお別れの時が来ると覚悟をしていたのですが、現実になってみますと、万感《ばんかん》胸に迫る思いがあります。

最後に面会したのは、去年の十月頃でした。

会話ができるのは、いよいよ今が最後だと感じ、遠方から会いに行ったことが本当に最後の面会となりました。施設の玄関先で十分間だけの短い面会を、とても喜んでくれました。

今年に入り、再び見舞いに行きたかったのですが、新型コロナの感染拡大でかないませんでした。一月から何度も「会いに来て欲しい」と電話があったのですが、面会の許可が望めるような状況ではなく、行かれずにいました……。

そのまま時が過ぎ、とうとう危篤状態になったので、今ならば面会が許されると家族から電話がありました。すぐに駆けつけようと準備をしている最中に、亡くなったと連絡を受けました。


最期に立ち会った家族の話では、心拍数が低下するたびに私の名前を耳元で言い、

「今こちらに向かっているからね！」

と言いますと、心拍数が上昇したそうです。

後からそれを聞きまして、無理にでも会いに行かなかったことを悔やみ、心中で謝りました。

通夜、葬儀を通して私が感じていたことは、
・最後にもう一度会えなかった自分の無念はこのままにしておき、これを自分への教訓として死ぬまで忘れないことにしよう。
・この後悔の気持ちを、このまま忘れずに思い、生涯を通じて母を供養していく決意に変えよう。
このように思うことにいたしました。

去年から、コロナ禍のために家族に会えないまま、他界された御方が大勢おられます。残ったご家族の無念には、非常に深いものがあると私自身の体験を通して察せられます。
その無念と後悔の気持ちを、これから一生、故人を供養していく決意に変えていただけたらと思います。

母には、言葉に尽くせぬほど世話になり、たくさんの心配をかけ、気持ちの上でも助けられてきました。

また、あの世で会って、御礼を言いたいと心に決めております。

本書を、私を身ごもった頃に「白い象さん」がお腹に入った夢を見たとよく話してくれた母に捧げます。

令和三年六月

伊勢白山道

著者紹介……………………………………………………………………………

伊勢白山道（いせ　はくさんどう）

2007年５月「伊勢白山道」ブログを開設、2008年３月から本の出版を始め、その斬新な内容と霊的知識、実践性において日本だけでなく世界に衝撃を与え続けている。多忙な仕事のかたわら、毎日かかさず悩める人々にインターネットを介して無償で対応している。自分が生かされていることへの感謝を始めた読者の人生に起きる良い変化が、強い支持につながっている。数多くある精神世界サイトの中で、ブログランキング圧倒的第１位を長年にわたり継続中である。

著書に、伊勢白山道名義で『内在神への道』（ナチュラルスピリット刊）、『あなたにも「幸せの神様」がついている』『生かしていただいて　ありがとうございます』（主婦と生活社刊）、『内在神と共に』『森羅万象　第１巻～第10巻』（経済界刊）、『伊勢白山道問答集　第１巻～第３巻』（全３巻）『宇宙万象　第１巻～第４巻』『自分を大切に育てましょう』『今、仕事で苦しい人へ　仕事の絶望感から、立ち直る方法』『柔訳　釈尊の教え　原始仏典「スッタニパータ」　第１巻・第２巻』『伊勢白山道写真集　神々の聖地　白山篇』『伊勢白山道写真集　太陽と神々の聖域　伊勢篇』『与えれば、与えられる』『自分の心を守りましょう』（電波社刊）。『宇宙万象　第５巻』『いま悩む人への「禅語」』『宇宙万象 第６巻』（弊社刊）。
谷川太一名義で『柔訳　老子の言葉』『柔訳　老子の言葉写真集　上下巻』（経済界刊）、『柔訳　釈尊の言葉　原始仏典「ダンマパダ」第１巻～第３巻』（全３巻）（電波社刊）がある。

著者のブログ：http://blog.gon.ne.jp/isehakusandou

「生と死後」の真実　Life & Death

2021年7月24日　初版第1刷発行
2024年1月26日　初版第5刷発行

著者　伊勢白山道

編集兼発行人　渡部 周

発行所　株式会社 観世音
〒145-0065
東京都大田区東雪谷3-2-2-1F
TEL/FAX　03-6421-9010

印刷・製本　株式会社 光邦

ISBN978-4-910475-00-4